本著作项目来源：西南石油大学人文专项基金项目
项目编号：2019RW012
项目授予单位：西南石油大学

快速掌握

[语言学习]的
技巧
——基于需求分析语言学习策略

杨娜　高黎———— 著

中国农业出版社
北　京

内容简介

　　需求分析是课程设计过程中的重要环节，也是教师组织教学、使用教材、决定教学方法、评估教学结果的依据，当然也是学习者语言学习策略使用的重要参考依据。因此，本书从需求分析入手研究语言学习策略的相关问题。

　　本书首先对语言学习、需求分析进行研究，进而探讨语言学习策略的需求分析问题以及影响因素，接着从听、说、读、写、译入手分析具体的学习策略，最后探讨基于需求分析的语言学习辅助技巧。

　　总体而言本书内容翔实，条理清晰，有理有据，具有较高的实用性，对于教师和学习者而言均不失为一本有价值的参考资料。

前　言

在学习中，很多人认为教师起着非常重要的作用，这不可否认。但是实际上，学习的大部分时间还是由学习者自己支配的。因此，对学习策略的了解与把握对于学习者的学习而言非常重要。这就要求对学习策略的相关问题加以研究。但是，这项研究不能随意展开，而是需要从学习者的学习需求出发，将学习需求作为参考依据展开。

近些年，随着教学改革的推进，学习者的学习需求越来越被人关注，只有对学习者的学习需求有清楚的了解，才能明确学习者的学习方式与学习目标。当然，要想对学习者的需求状况有全面、准确的了解，就必然需要进行正确的需求分析。可见，需求分析与学习者的学习策略之间关系非常紧密。基于此，作者精心策划并撰写了这本《快速掌握语言学习的技巧——基于需求分析语言学习策略》，以期能够有效提高学习者的学习效率。

本书共包含七章。第一章对语言学习进行概述，分析了语言学习的内涵、目标与学习观念的转变。第二章对需求分析进行探讨，论述了需求分析的内涵、意义、对象、分类、内容与过程。第三章将需求分析与学习策略相结合，论述了语言学习策略的需求分析，首先分析了语言学习策略的定义，进而探讨了语言学习策略的分类及需求分析。第四章从主观因素与客观因素两个方面对影响语言学习策略运用的因素进行了详细分析。第五章与第六章对各项技能学习与需求分析进行探讨，以听力学习为例，分析了听力学习的重要性、需求分析中的学习者听力问题、听力策略与具体技巧。第七章具体说明了基于需求分析的语言学习辅助技巧，包含听课与记笔记技巧、使用词典技巧、课外学习积累、借助网络资源。

本书特色鲜明。

第一，观点新颖。从需求分析入手对语言学习策略展开研究，不仅从新的研究视角提出了新的思路，也对原有研究的一些不足之处加以弥补。

第二，重点突出。全书都围绕语言学习策略与需求分析展开论述。

第三，理论与实践结合。这主要凸显在第五章与第六章，将各项技能学习与需求分析结合起来，并论述了具体的策略与技巧，能起到理论对实践的指导作用。

总体而言，本书结构合理，层次清晰，而且内容丰富，语言简洁、朴实。对于广大教师而言，本书是很好的辅助教材；对于学习者而言，本书可作为他们自学的材料；而对致力于学习策略研究的专业人士而言，本书可为他们的研究指明新的方向。

在成书过程中，笔者参阅了大量的资料和文献，也参考了一些相关专家和学者的观点，并得到了各位同事和学者的大力支持，在此一并表示真诚的感谢。由于时间仓促，加之写作水平有限，书中不免有错误和疏漏之处，还望广大读者批评指正。

著　者

2020 年 6 月

目录

第一章

语 言 学 习

人生活在语言的世界里，语言赋予世界以"意义"。语言是伴随着具体的交际行为出现在人们面前的，人们通过语言可以完成某种特定行为。只有意识到这一点，人们才能真正意识到语言自身所具有的价值。借助于语言，人类构建了一个超出其生存环境的符号世界，正是在这个世界中，人类获得了空前的自由，从而不再受制于环境的束缚。本章作为全书开篇，重点对语言学习的相关知识内容展开分析，如语言学习的内涵、语言学习的目标、语言学习观念的转变。

第一节 语言学习的内涵

自从人类社会中出现了语言这一重要的交际工具之后，人们从未停止过对它的研究，在研究的过程中人们取得了可喜的成果，并将这些成果运用到了实际工作中去。借助相关专家学者对语言的研究成果，人们掌握了一定的学习语言的方法与技巧，有助于人们对语言这一交际工具展开更深入的了解。

一、语言

(一) 语言的定义

什么是语言？关于这一问题，目前语言学界还没有给出一个明确而统一的解释。下面就一些代表性观点进行介绍说明。

《语言与语言学百科词典》中收录："语言是人类社会用来交际或自我表现、约定俗成的声音、手势或文字系统。"《美国百科全书》则对语言这样定义："语言是正常人类所具有而为其他物种所不备的能力，能通过口头或书面方式，来表达现象或事件。其根本点是在语音与思想、概念、头脑中的形象之间建立联想关系，并能用重复方式发出和理解这些语音。语言的主要功能是进行人际交际。"

洪堡特从语言与人类精神活动关系的角度出发对语言进行了界定，认为语言是构成思想的工具。萨丕尔从语言功能的角度出发对语言进行了界定，认为语言的本质就在于交际。瑞士语言学家索绪尔认为，语言是用来表达观念的，是由语音、语法和词汇等构成的。霍尔指出，语言是一种互动的机制，人类通过任意的口头-听觉符号进行相互间的交流。

我国学者赵元任曾说："语言是人跟人互通信息，用发音器官发出来的、成系统的行为方式。"张世禄指出："语言是用声音来表达思想的。语言有两方面，思想是它的内容，声音是它的外形；人类所以需要语言，因为有了思想，不能不把它表达出来。这是根据人类的表现性的。"

上述观点分别以不同的角度对语言进行了界定，但都不全面。即使将上述定义综合在一起，也不足以说明语言的本质。到目前为止，语言始终没有一个确切的定义。因此，下文主要就语言的交际工具属性与符号系统特点对语言的定义进行阐述。

1. 语言是一种交际工具

语言的功能有很多，但是交际功能是所有功能中最基本的，具体可以从如下两个层面来理解。

第一，语言是最重要的交际工具。人类社会中的每个人都生活在一定的客观的社会条件之中，人与人的交际是社会生活中的重要组成部分。人们往往用语言来交际，但是除了语言，还有很多种交际工具，如灯光语、旗语等。但灯光语、旗语是基于语言与文字而产生的辅助交际工具，因此不能和语言相比。语言仍是所有交际工具之中最重要的工具。

第二，语言是人类独有的交际工具。语言是交际工具，这在前面已经论述过了，但是这里所强调的是"人类独有"，这一点又可以从两个层面来理解。

一方面，动物所谓的"语言"与人类的语言有根本区别。"人有人言，兽有兽语"，动物与动物也存在交际，它们采用的交际方式也有很多，可以是有声的，也可以是无声的。但是，动物与动物之间这些所谓的"语言"是与人类的语言无法相比的，人类语言具有以下多个特点。

一是人类语言具有社会性、心理性与物理性。其中，社会性是人类语言的根本属性，因为人类的语言来源于人类集体劳动的交际需要。运用语言，人们才能够适应自然、改造自然。相比之下，动物的"语言"只是为了适应自然。

二是人类的语言具有单位明晰性。人类语言是一种音义结合的词汇系统与语法系统，音形义各个要素都可以再分解成明确的单位。相比之下，动物的"语言"是无法分析出来的。

　　三是人类语言具有任意性。语言是一种规则系统，人们使用语言对自己的言语加以规范。但是，语言系统本身的语素结合、用什么音对意义加以表达从本质上说是任意的。相比之下，动物的"语言"在表达情绪和欲望时并无多大区别。

　　四是人类语言具有能产性。人类的语言虽然是一套相对固定的系统，各个结构成分是有限的，但是人们能够运用这一有限的成分产生无限的句子，传递出无限的信息。相比之下，动物的"语言"是无法达到这一效果的。

　　另一方面，动物学不会人类语言。动物能否学会人类的语言？答案显然是不能。如果能学会，那就不能说语言是"人类独有"的交际工具了。很多人说，鹦鹉等鸟类能够模仿人的声音，但是这也不能说它们掌握了人类的语言，因为它们只是模仿，只能学会只言片语。也就是说，这些动物不能像人类一样运用语言产生无限多的句子，也不能写出无限多的文章。因此，语言是动物不可逾越的鸿沟，能否掌握语言，也是人与动物的根本区别之一。

2. 语言是一种符号系统

　　在人们生活的世界上到处都包含符号的痕迹。例如，马路上的交通信号灯，绿色代表通行，红色代表禁止通行，黄色代表等待。医院里面会张贴禁止吸烟的标志，告诉人们不可以在医院吸烟。在过节时，中国人习惯贴"福"字，这是为了表达对来年的祝福。显然，符号以及符号活动时时刻刻存在。

　　语言就是一种符号系统。语言中的各种单位相互间紧密联系、彼此依存，组成了语言系统。语言可以分为不同的层次单位，如词、句子等。语言系统则是由音位、语素、词、句子等单位组成的一个层次体系。低一级的层次单位组成高一级的层次单位，最后组成语言这个复杂的系统。语言层次单位的底层是音位，上层是音义结合的符号与符号序列；上层又分三级，第一是语素，第二是词，第三是句子。

　　对于人类而言，语言特有的符号体系，是人类最为常用的符号体系。从狭义层面来说，语言只是指口头语言与书写文字，但是广义上的语言就包含一些非语言符号，如装饰语言、表情语言等，这些非语言符号也传递着一些思想信息。不过，一般来说，语言更倾向于指代口头语言与书写文字。

（二）语言的起源

　　语言学家所掌握的证据已经证明，语言是先有口语而后才有书面语的，但最初的口语又是如何产生和形成的呢？语言的起源是什么？众所周知，在录音机等声音录制工具出现以前，人们只能凭借保存下来的书面资料对语言进行研究，这就直接导致人们无法对书面语出现以前的语言即口语进行研究。因为无据可依，在语言起源问题上一直存在种种假说，比较常见的主要有神授说、拟声说、拟象说等。

1. 神授说

早期的人类在面对他们无法做出合理解释的种种自然之谜时，往往将其归因于神灵的力量使然。在面对语言起源这一难题时，人们也同样诉诸神灵，认为包括人在内的世间万物都是某种神力的创造，而人的语言理所当然地也是神力的恩赐。

因而，在大多数宗教中都存在某种神力授予人们语言或创造语言的描述。例如，在《旧约·创世纪》中，上帝创造了人类的祖先亚当和各种飞禽走兽，而后将这些动物带到亚当面前由他命名；在中国古代神话中有女娲造人、仓颉造字的传说；在埃及人们则相信语言是由纳布神（Nabu）创造的，等等。

2. 拟声说

与神授说相对立的另一种假说则认为语言的开端始于"自然之声"。按照声源的不同，语言学家分别提出了三种不同的理论。

第一种是"汪汪理论"，即早期的人类通过模仿周围自然界的声音形成最初的语言，这一假说为语言中存在的拟声词（如 cuckoo，hiss，rattle 等）提供了解释。

第二种是"呸呸理论"，该理论认为最初的语言源于人类在感受到疼痛、愤怒、快乐等情感时发出的声音，如 Ouch，Ah，Hey 等感叹词。

第三种理论则被称作"唷嗨嗬理论"，这种理论认为人类在参与某项集体劳作时，为了保持动作的协调一致而发出的有节奏的号子声是语言的起源。

以上三种理论都在一定程度上揭示了语言中存在的音义对应关系，如"cuckoo"一词就是人类通过模仿布谷鸟的叫声来指代"布谷鸟"这一事物，而人们在感受到疼痛时自然而然发出的"ouch"声，也被用来指代"疼痛"的感觉。虽然这些理论都具有一定的解释力，但毕竟语言中的拟声词以及感叹词数量有限，因此拟声说具有极大的局限性。

3. 拟象说

拟象说不同于拟声说，它将语言的起源归因于对自然物象而非声音的模拟。其中一种观点认为人类最初是借助一系列的身体语言（如手势、面部表情等）来进行沟通的，逐渐地，舌头、嘴唇等发音器官模拟那些肢体表意动作并发出声音，从而产生了真正的语言。换言之，口腔发音动作是对身体语言的复制，因此该理论也被称作口腔手势说。但是很难想象一个人在发音时其口腔动作会与其身体语言有什么相似之处，因而该理论听起来有些古怪。

另一种观点则提倡口型拟象说，认为语言是人类对所目击或想象的普遍意义上的物象的模拟。陈澧在《东塾读书记·小学》中写道："盖天下事物之象，人目见之则心有意，意欲达之则口有声。意者，象乎事物而构之者也；声者，象乎意而宣之者也。……如'大'字之声大，'小'字之声小，'长'字之声长，'短'字之声短。"

（三）语言的特征

1. 生理性

语言的生理性是语言最基本的特征。人脑中包含多种对语言进行处理的机制，这些机制是区分人与动物的重要因素，之所以婴儿和儿童可以很容易获得知识，而到了一定年纪之后知识获取速度会减慢，都是由于语言生理机制的影响和作用。

2. 创造性

创造性指语言具有可以无限变化的潜力。有人将语言与交通信号灯作比，认为语言比交通信号灯要复杂，这是因为人们可以运用语言产生很多新的意义。例如，一些词语通过新的使用方法可以传达不同的意思，并且能够立刻被人理解。

从另一个角度而言，只有人类的语言具有创造性。虽然绝大多数的动物能够给同伴传递信息，能够接受其他同伴的信息，但是这些信息并不具有创造性。例如，长臂猿的叫声往往都来自一个有限的指令，它们的叫声不具有创造性，因此不可能创造新意；同样，蜜蜂的舞蹈只是用来指示食物的所在，仅能传递这唯一的信息，因此也不具有创造性。

如果将语言视作一个交流系统，那么语言就不是人类独有的了。也就是说，蜘蛛、蜜蜂等也可以通过语言进行交流，只不过交流的内容是非常有限的。但人类的语言是创造性的，因为其可以产生出无限的句子，这也体现了语言的递归性。

3. 移位性

所谓移位性，即交际双方可以用语言传达不在交际空间或现场的事件、物体、概念等信息。例如，人们可以提及孔子，即便其已经去世两千多年，距离人们比较遥远，但是人们仍旧可以用语言将其相关信息传达出来。

一旦发现有关群体利益的刺激，多数动物都会产生相应的交际反应。例如，鸟类发出鸣声意味着有危险临近，这是动物受到外界刺激的直接反应。与动物交际系统不同，人类语言不会受到直接刺激的控制，也就是说人们谈论什么不需要由外部刺激引发。

移位性赋予了人们巨大的抽象能力与概括能力，这些能力也促进了人们的进步与发展。一些词语常被用于指代当前语境中不存在的事物或事件，当人们对一些遥远的事物或事件进行讨论时，人们就有了对该事物或事件等进行抽象的概括能力。

二、语言学习的理论基础

（一）言语行为理论

英国学者奥斯汀从实际情况出发，分析了语言的真正意义。奥斯汀的言语行为理论首次将语言研究从传统的句法研究层面分离出来。言语行为理论主要是为了回答语言是如何用之于"行"，而不是用之于"指"的问题，体现了"言"则"行"的语言观。奥斯汀首先对两类话语进行了区分：表述句（言有所述）和施为句（言有所为）。但在之后的研究中，奥斯汀发现这种分类有些不成熟，还不够完善，并且缺乏可以区别这两类话语的语言特征。于是，奥斯汀又提出了言语行为三分说，即一个人在说话时，在很多情况下，会同时实施三种行为：以言指事行为、以言行事行为和以言成事行为。

1. 表述句和施为句

（1）表述句

判断句子是真还是假，这是表述句的目的。通常，表述句是用于陈述、报道、描述某个事件或者事物的。例如：

桂林山水甲天下。

He plays basketball every Sunday.

以上两个例子中，第一个是描述某个事件或事物的话语；第二个是报道某一事件或事物的话语。两个句子都表达了一个或真或假的命题。换句话说，不论它们所表达的意思是真还是假，它们所表达的命题均存在。但是，在特定语境中，表述句可能被认为是隐性施为句。

（2）施为句

以言行事是施为句的目的，而判断句子的真假并不是施为句表达的重点。施为句可以分为显性施为句和隐性施为句。其中，显性施为句指含有施为动词的语句，而隐性施为句则指不含有施为动词的语句。例如：

I promise I'll pay you in five days.

I'll pay you in five days.

这两个句子均属于承诺句。它们的不同点是：第一个句子通过动词 promise 实现了显性承诺；而第二个句子在缺少显性施为动词的情况下实施了隐性承诺。

总结来说，施为句主要有如下几个特点。①主语是发话人。②谓语用一般现在时第一人称单数。③说话过程意味着非言语行为的实施。④句子为肯定句式。

隐性施为句的上述特征并不明显，但能通过添加显性施为句的特征内容进行验证。例如：

学院成立庆典现在正式开始！

通过添加显性施为句的特征内容，该句可以转换成显性施为句：

（我）（宣布）学院成立庆典现在正式开始！

通常，显性施为句与隐性施为句所实施的行为与效果是相同的。

2. 言语行为三分说

由于奥斯汀对表述句与施为句区分的不严格以及其个人兴趣的扩展，很难坚持"施事话语"和"表述话语"之间的严格区分。于是奥斯汀又提出了言语行为的三分说：以言指事行为、以言行事行为和以言成事行为。以言指事行为指"话语"这一行为本身；以言行事行为指"话语"发出时实际实施的行为；以言成事行为指"话语"所产生的后果或者取得的效果。换句话说，发话人通过言语的表达，流露出真实的交际意图，一旦其真实意图被领会，就可能带来某种变化或者效果、影响等。

言语行为的特点是发话人通过说某句话或多句话，执行某个或多个行为，如陈述、道歉、命令、建议、提问和祝贺等行为。并且，这些行为的实现还可能给听者带来一些后果。例如：

我保证星期六带你去博物馆。

发话人发出"我保证星期六带你去博物馆"这一语音的行为本身就是以言指事行为。以言指事行为本身并不构成言语交际，但是在实施以言指事行为的同时，言语中也包含了以言行事行为，即许下了一个诺言"保证"，甚至是以言成事行为，因为若听话人相信了发话人会兑现诺言，那么将促使言语交际活动的成功。

在奥斯汀之前的哲学家都认为，句子只能用于对某种情况、某种事实加以描述与陈述，因此认为其只适用于正确或错误的价值。但是言语行为理论明确指出话语在现实中有着行事的能力，其不仅强调发话人的主体作用，也强调听话人的反应，因此其在语言教学中有着重要的意义。

（二）交际理论

1. 语言交际

语言是人们进行交际的重要因素之一。语言跨越了人们的心理、社会等层面，与之相关的领域也很多。对语言进行研究不仅是语言学的任务，也是心理学、社会学等学科的任务和内容。因此，语言与交际关系的研究具有明显的跨学科性。

人具有很多特征，如可以制作工具、可以直立行走、具有灵巧的双手等，但是最能够将人的本质特征反映出来的是人的语言。人之外的动物也可以通过各种符号来进行信息的传递，如海豚、蜜蜂等都可以传递信息，但是它们所传递的信息只能表达简单的意义，它们的"语言"是不具备语法规则的，也不具有语用的规则。

人们往往通过语言对外部世界进行认识与理解。语言具有分类的功能，通过分类，人们可以对事物有清晰的了解与把握。人们的词汇量越丰富，他们对外部世界的认识就越清晰、越精细。

（1）语言交际的过程

人们在进行语言交际的过程中，往往会存在一个信息取舍的过程。通过图1-1可以了解语言交际的具体过程。

在图1-1中，A代表的是人们生活的无限世界，B代表的是人类的听觉、视觉、嗅觉、味觉、触觉这"五感"所能接触到的部分，如眼睛可以接触到光线的刺激，耳朵可以接触到20～20 000赫兹的声音。另外，当这些感官不能处理多个信息的时候，在抓住其中一方时必然会对另一方进行舍弃。不过，生活中还存在一些不是凭借"五感"来处理而是通过思维来感觉的部分。例如，平行的感觉、时间经过的感觉就属于"五感"之外的感觉，这是人们在头脑中进行的抽象化思维，有时候与"五感"的联系不大。

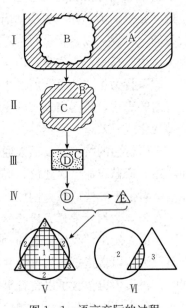

图1-1　语言交际的过程

（陈俊森等，2006.
跨文化交际与外语教育）

C代表的是"五感"可以接触的范围中个人想说、需要注意的部分。D代表的是个人关注的部分中用语言能够传达出来的部分，这里也具有一定的抽象性。例如，人的视觉是非常强大的，据说可以将700万种颜色识别出来，但是，与颜色相关的词汇并不多，就这一点来说，语言这一交际手段是相对贫弱的。同时，语言具有两级性，简单来说就是中间词较少，尤其是语言中有很多的反义词，如善与恶，是很难找到中间词的。设想一下，通过打电话来告诉对方如何系鞋带，或通过广播来教授舞蹈等，这时语言是很难完整传达意思的。

E 代表的是对方获取的信息。到了下面的第 V 阶段，是 D 和 E 的重叠，重叠的部分 1 是指代能够传递过去的部分，2 与 3 是有问题的部分，其中 2 是指代不能传递过去的部分，3 是指代发话人虽然并未说出，但是听话人自己增加了意义的部分。在跨文化交际过程中，由于不同人的世界观、价值观不同，因此完全有可能形成 VI 的状况。

总之，从图 1-1 中不难看出，从 A 到 E 的过程中，图像的面积在缩小，这代表着信息量在逐渐变小。这里面就融入了抽象的意义。在阶段 I 中，人的身体如同一个过滤器；在阶段 II 中，人的思维、精神等如同一个过滤器；到了阶段 III，语言就充当了过滤器。不难发现，语言交际不仅有它的长处，也具有它的短处。为了更好地展开交际，就需要对语言交际的这一长处与短处有清楚的认识。

（2）语言交际的内容

在影响跨文化交际的多个因素中，语言作为文化的重要载体，是跨文化交际的一大障碍。从萨丕尔-沃尔夫假设中可以发现，语言是人们对社会现实进行理解的向导，对人们的感知和思维有着重要的影响。无论是何种语言，都有其独特的语音、词汇、语法、语言风格等。对一门外语进行学习，了解其语言习惯与交际行为有着十分重要的意义。语言交际的内容通常包括以下方面。

第一，语言调节。语言并不是一个简单的交流工具，它不仅是文化的载体，还是个人和群体特征的表现与象征。一般来说，能否说该群体的语言是判断一个人是否属于该群体的标志。同样，某些人都说同一语言或者同一方言，那么就可以很自然地认为他们都源自同样一种文化，他们在交流时也会使用该群体文化中的行为规范、价值观念、交际风格，因此也会让彼此感到非常轻松。正因为所说的语言体现出发话人的身份，而且人们习惯于与说相同语言的人进行交流，因此学外语的热潮无论在国内还是国外都很高，人们都想得到更多群体的认同。不仅如此，语言还标志着一个民族的文化独立与主权，其对于一个国家或民族而言是非常重要的。统一的语言是民族、群体间的黏合剂，有助于促进民族的团结。语言具有的这种个人身份识别与群体凝聚作用体现着语言调节的必然性。所谓语言调节，又可以称为"交际调节"，即人们出于某种动机，对自己的语言与非语言行为进行调整，以求与交际对象建构所期望的社会距离。一般而言，发话人为了适应交际对象的接受能力，往往会迎合交际对象的需要与特点，对自己的停顿、语速、语音等进行细微调整。

常见的语言调节有妈妈语言、教师语言等，就是妈妈、教师等为了适应孩子或者学生的认知与知识水平而形成的一种简化语言。这属于一种趋同调节的现象，有助于更好地进行交流，达到更好的交流效果。当然，与趋同调节相对，还存在趋异调节，其主要目的是维持自身文化的鲜明特征与自尊，对自己的语言与非语言行为不做任何的调整，甚至夸大与交际对象差异的行为，这种现象的产生正是由于语言具有文化独立象征以及个人身份识别的作用而造成的。换句话说，趋异调节的产生可能是因为发话人不喜欢交际对象，或者为了让对方感受未经雕饰、原汁原味的语言。总之，无论是趋同调节，还是趋异调节，都彰显了发话人希望得到交际对象的认同，趋同调节是希望更好地接近对方；趋异调节是希望能够保持一定的距离。因此，理想的做法应该做到二者的结合，不仅要体现出自己向往与对方进行交际的愿望，还要保持一种健康的群体认同感。

需要指出的是，在影响语言调节的多个因素中，民族语言活力有着非常重要的影响作用。所谓民族语言活力，即某一语言的社会经济地位，以及说这种语言的人的分布情况与人数等。如果一种语言的活力大，那么对社会的影响力也较大，具有较广的普及率，政府与教育机构也会大力支持，人们也会更加青睐。这是因为，人们会将说这种语言的人与语言本身的活力相关联，认为这些人会具有较高的声望，所以愿意被这样的群体接受与认同。

在跨文化交际中，语言调节理论证明了跨文化交际与其他交际一样，不仅是为了交流信息与意义，更是一个个人身份协商与社会交往的过程。来自不同文化的交际双方在使用中介语进行交流时，还需要注意彼此的文化身份与语言水平，进行恰当的调节。

第二，交际风格。在语言交际中，交际风格是非常重要的层面。著名学者威廉·古迪孔斯特和丁允珠论述了四种不同的交际风格划分，即直接与间接的交际风格、详尽与简洁的交际风格、以个人为中心与以语境为中心的交际风格、情感型与工具型的交际风格。

在表达意图、意思、欲望等的时候，有人会开门见山，有人却拐弯抹角；有人直截了当，有人却委婉含蓄。美国文化更注重精确，美国英语的运用在很大程度上与这一点相符。从词汇角度上说，美国人常使用 certainly，absolutely 等这样意义明确的词汇。从语法、句法上来说，美国英语句子一般要求主谓宾齐全，结构要求完整，并且使用很多语法规则。从篇章结构上来说，美国英语往往包含三部分：导言、主体与结论，每一段具有明确的中心思想，第一句往往是全段的主题句，使用连词进行连接，保证语义的连贯。与之相对的是中国、日本的语言，常用"可能""或许""大概"这些词，篇章结构较为松散，但是汉语中往往形散神不散，给人回味无穷的韵味。英汉语言的差异，加上受个人主义与集体主义的影响，导致了美国人与中国人交际风格的差异。中国文化强调和谐性与一致性，因此在传达情感与态度以及对他人进行评论与批评时，往往比较委婉，喜欢通过暗示的手法来传达，这样是为了避免难堪。如果交际双方都是中国人，双方就能够理解，但是如果交际对象为美国人，就会让对方误解。从美国人的价值观标准上来说，坦率表达思想是诚实的表现，他们习惯明确地告知对方自己的想法。因此，直接与间接的交际风格会出现碰撞。

不同的语言交际风格有量的区别，即在交流时是言简意赅，还是详细具体，或者是介于二者之间。威廉·古迪孔斯特和丁允珠在对其他学者的研究结果进行分析的基础上指出，中东的很多国家都属于详尽的交际风格，北欧和美国基本上属于不多不少的交际风格，中国、日本等亚洲国家属于简洁的交际风格。这是因为，阿拉伯语言本身具有夸张的特点，这使得阿拉伯人在交际中往往会使用夸张的语言来表达思想和决心，例如，客人在表达吃饱的时候，往往会多次重复"不能再吃了"，并夹杂着"向上帝发誓"的话语，而主人对"no"的理解也不是停留在表面，而是认为代表同意。中国、日本作为简洁交际风格的代表，主要体现在对沉默、委婉的理解上。中国人认为"沉默是金"，并认为说话的多少同地位有着密切的关系。一般来说，中国的父母、教师属于说教者，子女、学生属于听话人。美国文化中反对交际中的等级制，主张平等，因此子女与父母、学生与教师都享有平等的表达思想的机会。

威廉·古迪孔斯特和丁允珠提出了以个人为中心与以环境为中心的交际风格划分。以个人为中心的交际风格划分是采用一些语言手段，对个体身份加以强化；以环境为中心的交际风格是运用语言手段，对角色身份进行强化。这两种交际风格的差别在于：以环境为中心的交际风格是运用语言将社会等级顺序进行反映，将这种不对等的角色地位加以彰显；以个人为中心的交际风格是运用语言将平等的社会秩序加以反映，将对等的角色关系加以彰显。在日语中，存在着很多的敬语和礼节，针对不同的交际对象、交际场合、角色关系等，会使用不同的词汇、句型，并且人际交往也非常的正式。如果是在一个非正式的场合，日本人往往会觉得不自在，在他们看来，语言运用必然与交际双方的角色有着密切的关系。与日本的文化存在鲜明对照的是美国文化，美国文化推崇直率、平等与非正式，因此他们在使用语言进行交际时往往使用那些非正式的称呼或者敬语，这种交际风格表达了美国文化对民主、自由的推崇。

中西方交际风格的差异还体现在情感型与工具型的区别上。情感型的交际风格是以信息接收者作为导向，要求接收者具备一定的本能，对信息发出者的意图要善于猜测与领会，要能够明白发话人的弦外之音。另外，发话人在信息发送的过程中，要观察对方的反应，及时地改变自己的发话方式与内容。因此，这样的语言交际基本上是发话人与听话人之间信息与交际关系的协商过程。相比之下，工具型的交际风格是以信息发出者作为导向，根据明确的语言交际来实现交际的目标，发话人明确地阐释自己的意图，听话人就很容易理解发话人的言外之意，因此与情感型的交际风格相比，听话人的负担要轻很多。可见，工具型的交际风格是一种较为实用的交际风格。

显然，上述几种交际风格划分是相互关联与渗透的，它们是基于不同的文化价值观建立起来的，其中影响力最大的是集体主义与个人主义的差异，其在社会的各个领域都得以贯穿，并从很大程度上决定中西方文化的不同。

2. 非语言交际

语言交际是通过语言来展开交际的，而非语言交际是通过非语言行为展开交际的。非语言交际是语言交际的一种辅助手法，是往往被人们忽视的手法。但是，非语言交际在交际中起着十分重要的作用，甚至有助于实现语言交际无法实现的效果。非语言交际包含多个层面，如体态语、副语言、客体语言等。

对于非语言交际行为，中外学者下了不少的定义。有的定义比较简单，如将非语言交际定义为不通过语言来传递信息。有的定义比较具体，如非语言交际是不用言辞进行表达，被社会共知的人的行动与属性。这些行动和属性是由发出者有目的地发出或被看成有目的地发出，由接收者有意识地接受或有可能进行反馈的过程。有的定义指出非语言交际行为是在一定的环境下，语言因素之外的对发出者与接收者有价值的其他因素，这些因素可以是人为发出的，也可以是环境形成的。

（三）会话分析理论

会话分析的基础是了解会话含义，那么首先需要弄清楚什么是含义。从狭义上说，有人认为含义就是"会话含义"。从广义角度上说，含义是各种隐含意义的总称，分为规约含义与会话含义。格赖斯认为，规约含义是对话语含义与某一特定结构间的关系进行的强调，其往往基于话语的推导特性产生。会话含义则主要包含一般会话含义与特殊会话含义两类。

一般会话含义指发话人在对合作原则①某项准则遵守的基础上,其话语中所隐含的某一意义。例如:

(语境:A和B是同学,正商量出去购物。)

A：I am out of money.

B：There is an ATM over there.

在A与B的对话中,A提到自己没钱,而B的回答是取款机的地址,表面上看没有关系,但是从语境角度来考量,可以判定出B的意思是让A去取款机取钱。

特殊会话含义指在交际过程中,交际一方明显或者有意对合作原则中的某项原则进行违背,从而让对方自己推导出具体的含义。因此,这就要求对方有一定的语用基础。

理解会话含义是会话分析理论的基础,这里的会话分析不是指任何对会话的研究,而是一个学派。这个学派专门研究人际交流中最重要的一种形式,即两个或两个以上的人的对话。会话分析学派的创始人主要是一些社会学家,但越来越多的语言学家也加入其列。尽管会话分析学派严格来说不是一个语言学派,但是因为其研究涉及语言交流最主要的一种方式,而且为关心实际言谈的社会语言学提供了一个非常有用的分析框架,因此当代社会语言学无不受其影响。

社会学家对会话感兴趣是有原因的。在传统社会学那里,人们研究的兴趣是描写社会秩序本身以及正常的社会秩序(包括个人方面的日常秩序)是如何维持的。在研究方法上,传统社会学的做法是发放问卷,收集一系列问题的众多回答,然后社会学家从中总结规律。而会话分析学派的目的是想了解人们究竟用了何种方法,使整个社会的成员对一定的社会秩序达到某种共识。他们研究发现,人们的日常会话其实是一个很有秩序且无一日不做的社会活动,因此分析会话可以对社会秩序的研究提供有用的信息。在研究方法上,他们特别不信任问卷式的调查形式,因为大量研究已经证明,人们在自然状态下怎么做跟口头上说其会如何去做常常不是一回事;因此会话分析学派强调要观察自然的资料。

---

① 合作原则包括下面四条准则。

其一,量准则,指在交际中,发话人所提供的信息应该与交际所需相符,不多不少。

其二,质准则,指保证话语的真实性。

其三,关系准则,指发话人所提供的的信息必须与交际内容相关。

其四,方式准则,指发话人所讲的话要清楚明白。

社会语言学认为会话是一个语言活动过程，其中每一步都是双方相互协商的结果，都是构成正确理解下一步的前提。会话者运用自己的语言知识以及非语言的社会文化背景知识来表达自己、理解对方。会话不仅显示出会话者的交际能力，而且还反映出社会交往的一般原则，双方由此而协调各自的目的、形象和人际关系。会话作为一种社会交往，它是由发话人和听话人积极参与并相互协作而产生的。会话分析的基本目标是要弄明白发话人想要表达什么，而听话人又是怎么样理解它的意思并做出反应。会话分析理论包括对会话结构、会话策略、会话风格等方面的研究。例如，甘伯兹认为会话策略是"语境化暗示"，就是发话人示意而听话人解释该活动是什么、如何理解语义内容以及每个句子如何和前后句相联系的种种手段和特征。会话风格则是把会话与会话者的背景、个人性格等联系起来进行研究。

（四）认知主义学习理论

认知主义学习理论认为，学习个体本身会对环境产生这样或那样的作用，大脑的活动过程能够向具体的信息加工过程转化。布鲁纳、苛勒、加涅和奥苏贝尔等是认知主义学习理论的主要代表人物。

人要在社会上生存，必然要与周围环境互相交换信息，作为认知主体的人也会与同类发生信息交换的关系。人是信息的寻求者、形成者和传递者，从一定意义上来讲，人的认识过程也就是信息加工的过程。

认知学习理论的基本观点为，人的认识是在外界刺激和人内部心理过程的相互作用下形成的，而不是只通过外界刺激就能形成的。依据这个理论观点，可以这样解释学习过程，即学习者从自己的兴趣、需要出发，将所学知识与已有经验利用起来对外界刺激提供的信息进行主动加工的过程。

从认知学习理论的基本观点来看，教师不能简单将知识灌输给学生，而要将学生的学习动机激发出来，对学生的学习兴趣进行培养，使学生能够将已有的认知结构和所要学的内容联系起来。学生的学习不再是被动消极的，而是主动选择与加工外界刺激提供的信息。

认知主义学习理论认为，影响学生学习的因素中，学生自身已有的认知结构具有非常重大的影响，在教学中应将教学内容结构直观地展示给学生，让学生对各单元教学内容之间的相互关系有深入的了解。

（五）建构主义学习理论

认知主义学习理论认为世界是实在的、有结构的，人类可以认知这种结构，对客观实体及其结构作出反应是人们思维的主要目的。建构主义学习理论则认为个体与外部环境的交互作用使得知识得以产生，人们会从自己的已有经验出发来理解客观事物，每个人对知识都有自己的理解和判断。维果斯基、皮亚杰等是建构主义学习理论的主要代表人物。

认知主义学习理论和建构主义学习理论对知识的观点不同，这是它们之间的本质区别。

基于客观主义的学习理论主张"灌输知识"，这是错误的。这种理论认为，给学生准确传递知识是教学的主要任务，知识作为具体"实体"，它的存在具有独立性，而不依赖于人脑，人要真正理解知识，首先要将知识完全"迁移"到大脑中，并使其进入自己的内心活动世界。

而建构主义学习理论认为，每个人都可以按照自己的认知与想法来理解客观存在的世界，并赋予其一定的意义。建构现实或解释现实是建立在主观经验基础上的。每个人都用自己的头脑创建了经验，因为各人有各人的经验，所以基于经验的对客观世界的理解也有一定的差异。建构主义更关注在知识的建构中，如何将原有经验、心理结构有效利用起来。

建构主义学习理论认为，学生是在一定学习环境下，通过自己的主观参与，同时借助他人的帮助，通过意义建构的方式而获得知识的，而不是通过教师传授得到知识的。

建构主义教学理论要求教师在学生主动建构意义、获取知识的过程中起到帮助和促进的作用，而不是给学生简单灌输和传授知识。因此在教学过程中，教师首先要转变教育思想，改革教学模式。而学生在获取知识的过程中需要主观努力，也需要他人帮助，更离不开相互协作。建构主义学习理论提出，有利于学生获取知识的学习环境应具备情境创设、协作、会话、意义建构等基本要素。下面具体分析这四个基本要素。

1. 情境创设

学习环境中必须要有对学生意义建构有利的情境。在建构主义学习环境下，教师要基于对教学目标的分析与对学生建构意义的情境创设问题的考虑而设计教学过程，并在教学设计中把握好情境创设这个关键环节。

2. 协作

在学生的整个学习过程中都离不开协作，如学生搜集与分析学习资料、提出和验证假设、评价学习成果及最终建构意义等都需要不同形式的协作。

3. 会话

在协作过程中，会话这个环节是不可或缺的。学习小组要完成学习任务，必须先通过会话来商讨学习的策略。学习小组成员之间协作学习的过程也是不断会话的过程，在这个过程中，学生的学习资源包括智慧资源都是共享的。

4. 意义建构

学习过程的最终目标就是意义建构。建构的意义指的是事物的本质、原理以及事物与事物之间的内在联系。帮助学生在学习中建构意义，就是帮助学生深刻理解学习内容反映的事物的本质、原理及其与其他事物之间的内在联系。

（六）二语习得理论

除了对第一语言习得的关注，心理语言学对第二语言习得也非常注重。所谓第二语言习得，即人们的第二语言的形成与发展的过程，其与第二语言学习有所不同，各有侧重。

二语习得理论形成于 20 世纪 60—70 年代，其主要代表人物是美国南加州大学语言学系的教授克拉申，他是在总结自己和他人经验的基础上提出的这一理论。

1. 二语习得理论简述

二语习得理论主要对第二语言习得的过程与本质进行研究，描述学习者如何对第二语言进行获取与解释。对于这一理论的研究，克拉申做出了巨大贡献，并提出五大假说。

（1）习得-学得假说

所谓习得，指学习者不自觉地、无意识地对语言进行学习的过程。所谓学得，即学习者自觉地、有意识地对语言进行学习的过程。"习得"与"学得"的区别如表 1-1 所示。

表 1-1　语言的"习得"与"学得"的不同

项目	习得	学得
输入	自然输入	刻意地获得语言知识
侧重	语言的流畅性	语言的准确性
形式	与儿童的第一语言习得类似	重视文法知识的学习
内容	知识是无形的	知识是有形的
学习过程	无意识的、自然的	有意识的、正式的

资料来源：何广铿，2011，英语教学法教程：理论与实践。

（2）自然顺序假说

克拉申提出的这一假说主要强调语言结构的习得需要一定的顺序，即根据特定的顺序来习得语法规则与结构。当然，这也在第二语言习得中适用。例如，克拉申常引用的词素习得顺序如图 1-2 所示。

由图 1-2 可知，将英语作为第二语言习得的过程中，人们对进行时的掌握是最早的，过去时是比较晚的；对名词复数的掌握是比较早的，对名词所有格的掌握是比较晚的。

（3）监控假说

克拉申的监控假说区分了习得与学得的监控。前者主要用于输出语言，对自己的语感加以培养，在交际中能够有效运用语言。后者主要用于对语言进行监控，从而检测出是否运用了恰当的语言。

同时，克拉申认为学得的监控是有限的，受一些条件的影响和制约，具体归纳为如下三点。第一，需要充裕的时间。第二，需要关注语言形式，而不是语言意义。第三，需要了解和把握语言规则。

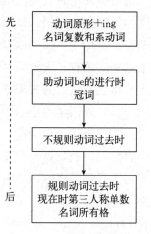

图 1-2　词素习得顺序图
（何广铿，2011. 英语教学法教程：理论与实践）

在这些条件的制约下，克拉申将对学习者的监控情况划分为三种。第一，监控不足的学习者。第二，监控适中的学习者。第三，监控过度的学习者。

（4）输入假说

克拉申的输入假说和斯温纳的输出假说是从两个不同的侧面来讨论语言习得的观点，都有其合理成分，都对外语教学有一定的启示。输入假说的内容主要有以下几点：其一，输入与习得而非学得有着紧密关系。其二，掌握现有的语言规则是输入的前提条件。其三，用 i 表示现有水平，$i+1$ 的输入模式会使知识自动融入理解。其四，语言能力是自然形成的而不是靠教育。

（5）情感过滤假说

"情感过滤"是一种内在的处理系统，它在潜意识里以心理学家们称之为"情感"的因素阻止学习者对语言的吸收，它是阻止学习者完全消化其在学习中所获得的综合输入内容的一种心理障碍。

克拉申的情感过滤假说是指在第二语言习得中，要将情感纳入进去。也就是说，自尊心、动机等情感因素会对第二语言习得产生重要影响。

克拉申把他的二语习得理论主要归纳为两条：习得比学习更重要；为了习得第二语言，可理解的输入（$i+1$ 模式）和较低的情感过滤两个条件是必需的。

2. 二语习得理论与外语能力发展

二语习得理论对外语能力发展方式具有重要的启示。外语能力发展一直是二语习得理论研究关注的重要命题。自 20 世纪 60 年代以来，二语习得理论试图回答的问题包括：外语能力是什么？外语能力是如何发展的？外语能力发展的特点是什么？哪些因素导致了外语能力的发展？经过几十年的发展，学界对于这些问题有了大致的结论：对于在课堂环境中的外语学习者而言，其外语能力要得到发展，通常需要具备以下几个条件。

（1）外语学习中必须要有足够的可理解性输入

克拉申认为外语能力的发展需要具备两个必要条件，一个是学习者内在的语言学习机制，这明显受到了乔姆斯基的语言天赋论的影响；另一个条件便是充足的可理解性输入，并且他认为这是学习者获得语言知识的唯一方式。当然，在克拉申看来，语言输入并不是随机的、无序的，因为粗调输入（roughly - tuned input）对于学习者而言可能太难或者太容易，进而影响学习者的外语发展。因此，合适的语言输入需要充分考虑并切合学习者当前的语言认知水平，遵循自然语言习得顺序。他假设学习者当前的语言水平为 i，那么可理解性输入水平就被定义为"$i+1$"。通俗来说，可理解性输入就是指"学习者踮踮脚就能够得着"的输入水平，是一种精调输入（finely - tuned input）。虽然克拉申的理论针对的是在目的语环境下的第二语言的自然习得，但是其对于外语环境下的语言学习同样具有重要的意义，对外语教学和学习有很多启示。比如，外语教学中要重视学习者的现有认知水平，在教学材料的遴选上要充分予以考虑；外语教学应该充分遵循循序渐进的原则，这符合一般的教育学和心理学原则。

（2）外语能力的发展必须以语言使用为前提

外语能力的发展必须以语言使用为前提，语言输出为外语能力的发展提供了强大的驱动力。语言输出并非语言学习的结果，而是语言学习的过程。要使学习者成功地习得语言，仅仅依靠语言输入是不够的，还要迫使学习者进行大量的语言输出练习，这便是学者斯温纳所提出的可理解性输出。不难看出，这是对可理解性输入的有效补充。斯温纳并未否定语言输入对于二语习得的重要作用，她只是认为可理解性输出是对前者的重要补充，在学习者的外语学习中扮演着重要角色。语言输出的各种作用也得到了大量实证研究的支持。虽然语言输出在语言能力发展中的重要性不言而喻，但是外语能力发展的驱动力可不止这些，还有其他的因素在发挥作用，下面提到的意义协商便是其中之一。

（3）语言使用必须基于交际

语言使用必须基于交际，以意义为导向，且语言使用者有足够的注意力关注到语言形式。因为只有在语言使用中，才能真正地实现语言的形式、功能和意义的有效整合，才能真正促成外语能力的发展。语言使用要以意义为导向，就必须要有大量的互动，互动的形式可以多种多样，可以在同伴间进行，也可以在师生间开展。在语言输出的过程中实现了互动，使用者就能进行意义协商，促发互动调整，有效地把输入、学习者的内在能力尤其是选择性注意和输出三者联系起来。通过意义协商，学习者会注意到自己的语言知识和目的语语言知识之间的差异，明晓自己语言知识的欠缺和不足。可以说，意义协商启动学习的发生，接下来的语言输入是学习者语言知识内化的必要条件，并进一步确认或者否定先前的语言假设。同时，通过意义协商，语言教学过程能够实现重形式教学（focus on form），即在意义先导的情况下，将学习者的注意力转移到语言形式上去，在交际中学习和内化语言形式，实现语言形式、功能和意义的结合，促进外语能力的发展。

（4）外语能力的发展需要大量的负面证据

外语能力的发展需要大量的负面证据（negative evidence），需要外界的反馈（feedback）和提醒。外语能力的发展绝非一蹴而就，一帆风顺。学习者从一开始便是磕磕绊绊，不断地在试验自己的语言假设，可以说外语能力发展就是学习者不断确认和否定自己语言假设的过程，而这个过程中，反馈的作用无可取代。当学习者在语言使用的过程中出现了错误时，同伴或教师如果能够及时给予提醒或更正，将有助于学习者在实现交际功能时关注到自己的语言形式，注意到自己的语言形式与目的语语言形式的差异，实现语言知识的内化。对于反馈作用的认识是伴随互动假说而生的，近三十年来一直是二语习得研究的热门话题。相对而言，口语反馈的作用已经得到了认可：大量的研究表明，在外语学习者进行口语交际的过程中，采用恰当的反馈形式，如重铸（recast）、请求重复等手段，可以显著提升学习者的语言表达能力，并促发语言习得。对于书面语反馈的作用仍然存在争议，争议的焦点在于书面写作对于提升学习者的写作能力和促进二语习得是否存在作用。虽然多数研究表明，采用恰当的书面反馈形式，如间接标示错误并适当解释，能够促使学习者注意到问题所在，并改善后续书面写作的准确性，促发二语习得。但是由于研究方法论上的问题以及研究设计中的可重复性问题，这一结构还是受到了挑战。不过这个争论仅仅存在于研究层面，在现实的教学层面，它几乎不存在。实践结论是适当的反馈能够将学习者的注意力聚焦于某些特定的语言形式，促进其外语能力的发展。

另外，除了上述四个因素以外，语言教育学界对于外语能力发展也有一些其他的重要结论。例如，语块在语言习得中发挥重要作用，甚至有学者依此提出基于语言使用的语言习得观（usage - based language acquisition）。还有学者指出语言习得包括两个部分：一部分是分析性习得，另一部分为整体性习得。又如，外语能力的发展存在巨大的个体差异，语言学能、情感态度、动机、母语水平等都影响外语能力的发展。

总之，由于外语学科的特性，相比其他学科而言，外语学习在认知上的挑战不大；外语学习或教学中的认知成分只是为了更好地促进外语学习者的外语能力发展。根据最新的学习理论，外语学习的认知目标不再局限在知识、技能上，外语能力作为一项综合性能力，得到了更为宏观的定义。

第二节　外语学习的目标

一、外语学习的宏观目标

（一）实现素质教育

现如今，我国对于素质教育非常推崇。作为一门基础课程，外语教学是素质教育乃至文化素质教育的重要项目。外语教学是实现素质教育的一个重要工具，也可以说是一个主要渠道。这是因为，外语教学除了知识传授外，还有文化素质与文化思维的培养，这与跨文化教学的要求有异曲同工之妙。因此，在教学中，教师必须将语言与文化的关系处理好，引入其他国家文化，汲取其中的有利成分，同时发扬我国的文化。

（二）树立多元文化意识

对世界文化多样性的了解，有助于人们建立多元文化的意识与观念。不同文化产生的背景不同，是不能相互替代的。基于全球化的视角，各个文化群体之间的交流也日益频繁，因此需要对异质文化予以理解与尊重，努力避免在交际过程中出现冲突。在新的时代背景下的外语教学中，教师应该努力培养学生积极理解不同文化，让他们对本国文化有清晰的了解，同时以正确的心态对待他国文化，应对世界的多元化。

（三）满足社会对外语人才的需求

时代不同，社会对外语人才的需求必然存在差异性，外语教学的模式也必然存在差异。近些年，随着全球化的推进，国与国之间的交往更为紧密，这就需要外语发挥中介与桥梁的作用。外语运用得是否流利、准确，直接影响着交际的开展。因此，21 世纪对外语人才的需求更大、要求更高，开展外语教学显得更为必要，这与 21 世纪的社会需求相符，也有助于培养出高标准的外语人才。

（四）迎合社会发展趋势

在当今时代背景下，国与国之间的交往日益频繁，这就要求高校学生应该努力学习语言与文化知识，获取语言与文化技能。世界是一个地球村，经济全球化使得交际呈现多样性，因此在外语教学中，教师除了让学生提升自身的语言能力，还应该提升自身的跨文化交际能力，应对交际中出现的各种变化。另外，多元社会的推进，要求交际者应该具备一定的合作能力与意识，无论是生活在什么文化背景中，都应该为社会的进步努力；树立自己的文化意识，用积极的心态去认识世界。可见，外语教学中的跨文化交际教学能够将外语的价值充分地体现出来，学生对跨文化交际知识的学习与社会的发展相符，也是中外文化交流不断推进的必由之路。

（五）发展批判性思维

在新的时代背景下，外语教学应该不断培养学生的批判性思维，让学生对本国文化加以反思，然后采用多元文化的有利条件，对文化背后的现象进行假设，确立自己的个人文化观念。

（六）为学生创造学习异质文化的机会

当具有不同文化背景的人进行接触与了解时，不可避免地会遇到文化碰撞的情况，并且很多时候也会感到不适应。因此，外语教师应该帮助学生避免这一点，让他们有更多的机会了解异质文化，提升自身的文化适应力。

二、外语学习的微观目标

（一）掌握语言知识

众所周知，想要掌握一门语言，必须熟悉这门语言的语音、语法、词汇、语篇、句法、功能等知识，将这些基础知识牢牢把握好，并在此基础上提升自身的语言综合运用能力。外语与汉语差异鲜明，中国学生必须要形成外语思维，并利用外语思维学习外语，如此才能取得事半功倍的效果。

（二）提升语言技能

在学习外语的过程中，掌握语言基础知识是基础，同时还要掌握更多的语言技能，包括听、说、读、写、译。其中，听力技能的掌握可以帮助学生识别、分析、理解话语含义。口语技能的掌握主要是为了提升自身的语言输出以及表达思想的能力。阅读技能主要是辨认、理解语言知识内容的能力。写作技能可以让学生利用书面表达来输出自己的思想、表达自己的看法。翻译技能则是学生外语综合运用能力的一种体现，不仅涉及语言知识的输入，而且涉及语言知识的输出。

听、说、读、写、译是外语综合运用能力的体现，通过这五项技能的训练，可以保证学生在具体的实践中做到得心应手。

（三）了解文化知识

语言与文化密不可分，学习一门语言，必然离不开对该门语言背后文化的学习。一旦语言教学离开了文化教学的底蕴，那么这种语言教学也就不再具有思想性和人文性的特点了。所以，教师在教授学生学习外语的过程中，一定要引导学生了解语言背后的文化知识，如使用该语言的国家的地理、人文、习俗、生活、社会、风土、人情等。

在具体的教学中，教师有两点需要注意。首先，教师讲授文化知识需要依据学生的心理发展水平以及认知能力，在此基础上循序渐进地导入文化知识，逐步培养学生的文化素养，拓宽他们的眼界。其次，教师引入外国文化知识时要有选择性，不能盲目引入，避免学生形成崇洋媚外心理。

第三节　语言学习观念的转变

一、从他主学习转变为自主学习

教育的最终目的是让学生成为独立的学习者，外语课程教学也不例外。近些年，自主学习越来越成为教育界研究的重点。就拿当前大学生的英语学习效果来看，他们虽然花费了大量的时间在英语学习上，但是效果并不理想，原因主要就在于学生缺乏自主学习的能力。因此，学生有必要转变自己的学习方式，从他主学习转向自主学习。

对于自主学习，国内外很多学者进行过研究和探讨，发表了许多文章并出版了一些书籍。下面就重点介绍几位有代表性的学者。

国外有两位权威的学者对自主学习进行过论述。一位是亨利·霍里克，一位是齐莫曼。

亨利·霍里克在他的《自主性与外语学习》一书中指出，自主学习能力应该包含对学习目标与内容的确立、对学习技巧与方法的选择、对学习过程的监控与评估这几大层面，并且指出，学生只有做到了这几点，他们才能真正地对自己的学习负责。亨利·霍里克认为，学生的自主学习能力并不是与生俱来的，往往是后天形成的，甚至需要专门训练而成。显然，从亨利·霍里克的论述中可以看出，他的自主学习观实际上挑战了传统的学习模式，因此受到了很多学者的认可与支持。

齐莫曼是一位著名的心理学家，因此他对自主学习的论述主要是从心理层面考虑的。齐莫曼基于前人的研究，指出学生只要在动机、元认知、行为三个层面做到积极参与，那么就可以认为他们的学习是自主学习。换句话说，齐莫曼指出了自主学习的三个影响因素，即动机、元认知与行为，其中动机指学生从被动学习转向主动求知；元认知指学生能够对不同阶段的学习进行反思；行为指学生能够从自己的意愿出发选择与创设学习环境。

除了国外学者对自主学习进行研究，我国学者也对自主学习进行了激烈的探讨，他们基于国外的研究成果，并且考虑我国的实际情况，对自主学习进行初步的研究。我国学者主要围绕自主学习中师生的角色、自主学习的原因与意义、自主学习的实施等层面展开研究。

我国学者庞维国在他的《自主学习——学与教的原理和策略》一书中，对自主学习的概念进行了明确的界定，这标志着我国关于自主学习的研究取得了突破性进展。在庞维国看来，自主学习是基于能学、想学、会学、坚持学这四个层面基础上的一种学习方式。庞维国还从横向与纵向两个视角来阐释自主学习的概念，就横向角度而言，如果学生能够对自己学习的各个层面进行自觉选择与控制，那么就可以说他们的学习是自主学习；就纵向角度而言，如果学生能够在整个学习过程中挖掘与把握自主学习的实质，那么也可以说他们的学习是自主学习。

虽然国内外学者对于自主学习的界定存在差异，但是大多数学者已经基本达成共识，即自主学习是将学生作为中心，根据学生自身需求进行自主学习规划、自主学习管理、自主学习监控、自主学习评价等。

具体而言，自主学习可以划分为如下五个步骤：①学生基于不同需求，分清学习主次，对自己的学习目标进行规划。②学生基于需求选择学习材料，并制订与自己学习风格相符的学习策略。③学生对自己的学习进度、学习时间要合理把控。④学生在学习中要不断反思与调整。⑤学生要对评价标准有明确的把握，从而对自己的学习效果进行衡量。

（一）自主学习的意义

1. 满足信息化社会发展的需要

当今社会是一个科技迅猛发展的社会，信息化时代使人们越来越认识到，学校教育已经不能满足学生的知识储备需求。学生需要适应不断变化的环境，满足自身不断变化的职业要求，这仅仅依靠学校获得的知识是远远不够的。也就是说，学生要想适应信息化社会发展的需要，除了要接受学校教师传授的知识，还需要从各种途径、各种渠道挖掘知识，以便充实自己，这就是自主学习的力量。

2. 体现终身教育体系的需要

随着科技、社会的发展，人们认识到需要建立终身教育体系，这一教育体系打破了传统教育体系的封闭性与终极性，使教育成为一个伴随终身、持续不断的过程。未来的社会是一个持续学习的社会，为了与社会的发展相适应，人们就必须不断学习、不断发展。因此，这也是社会对学生的要求，通过自主学习，学生要能够适应不断变化的社会、不断变化的职业要求，从而不断提升自我价值。

3. 符合学生自我发展的需要

相较于其他国家，我国对外语课程教学的投入是巨大的，可不得不说，虽然投入巨大，但效果不甚理想。出现这种情况的主要原因就在于我国的外语课程教学模式过于单一，即只注重教，而不注重学，简单来说就是严重忽视了学生的主体地位。众所周知，不同的学生的学习存在明显差异，这些差异的形成有先天原因，也有后天原因。而在这些原因中，先天原因无法改变，但后天原因是可以弥补与改变的，如学习风格、学习动机等，这恰好是自主学习的要求。

（二）自主学习的实施

1. 营造自主学习的氛围

现在信息技术在教学中迅速普及，并且为学生的自主学习提供了便利。教师可以运用网络为学生创造自主学习的氛围，激发学生学习的欲望与积极性，增强学生学习的效果。例如，学生可以利用电脑进行语言专项训练、与他人交流、浏览外语文献资料等。当然，教师可以为学生介绍一些优秀的学习网站，让学生自主学习，以扩充自己的知识储备。

2. 训练学生自主学习的技能

自主学习需要一定的技能，这些技能并不是先天的，而是经过一定的训练和实践获得的。因此，在教学中，教师应该注意训练学生自主学习的技能，从学生个体的需求出发，制订符合学生的自主学习计划，帮助他们掌握适合自己的自主学习技能。

在学生的自主学习过程中，教师的责任就是指导学生掌握学习策略，并且学会运用学习策略。教师可以为学生推荐一些阅读材料，并且给学生介绍一些阅读技巧，指导学生写读书笔记，从而不断提高学生的自主学习能力。

3. 激发学生自主学习的兴趣

兴趣是学生学习的动力与源泉，设计出与学生学习兴趣相符的活动有助于开发学生潜能，促进学生的自主学习。例如，在传统的外语课程教学中，学生是被动的接受者，教师常常忽视学生的兴趣。但在自主学习中，学生居于学习的主体，是主动的学习者，因此学生学习的兴趣也会被激发出来。为了激发学生的自主学习兴趣，教师可以从如下几点着眼。

（1）对学生展开需求分析

教师要首先对学生进行需求分析，然后从不同学生的需求出发，帮助学生制订学习计划。当然，教师为了更好地与学生的学习计划相适应，要不断调整与改进自己的教学策略。

（2）尊重学生的个性差异

不同学生，他们的学习风格、学习水平等必然存在差异，因此教师要考虑学生的这些差异，让学生对学习内容、学习步骤进行自主学习，以提高不同学生的自主学习能力。

（3）关注学生的反应

在学生的自主学习中，教师要观察学生的反应，包含自主学习目标的建立、自主学习的适应情况等，从而根据学生的反应调整与改进教学计划，并帮助学生解释自主学习过程中遇到的问题。

4. 培养学生自主学习的习惯

良好的学习习惯对于学生的自主学习是非常重要的。在自主学习中，教师应该努力培养学生的自主学习习惯，使学生努力克服自主学习中的不适感，发挥自身优势，从而完成学习目标。

二、从被动学习转变为探究学习

美国国家科学教育标准中对探究的定义是：探究是多层面的活动，包括观察，提出问题，通过浏览书籍和其他信息资源发现什么是已经知道的结论，制订调查研究计划，根据实验证据对已有的结论做出评价，用工具收集、分析、解释数据，提出解答、解释和预测，以及交流结果；探究要求确定假设，进行批判的和有逻辑的思考，并且考虑其他可以替代的解释。

对于学生而言，探究作为一种学习方式，是指学生在学习情景中观察、阅读，发现问题，收集数据，形成解释，获得答案，并进行交流、研究、学习。

（一）探究学习的特点及师生关系

作为一种学习方式，课堂中的探究，即探究学习与探究教学，具有开放性、探究性、实践性的特点，并且其中体现了以下四种师生关系。

1. 参与、探索

在探究学习的过程中，所有学生都需要积极参与，将自己视作"科学家"，通过各种探索来得出结论，这可以有效培养学生的钻研以及实践能力。在教学过程中，教师不可将结论直接告诉学生，尽量让学生通过探究自己得出结论。

2. 平等、合作

在探究学习的过程中，学生取得成功的机会是均等的，而且还需要彼此合作，取得最终的学习成果。另外，师生之间的关系同样是平等的，教师可以作为学生的朋友参与其中。换言之，探究学习其实是一种学生和师生彼此之间通力合作的过程，并不是竞争或者对立的关系。

3. 鼓励创新

在探究学习的过程中，教师应该尽可能鼓励学生通过想象提出自己的看法、预见、假设等，教师应该充分尊重学生的观点，让学生大胆去创新，从而培养他们的创新精神。

4. 自主、能动

探究学习的另一重要特点是自主性。在整个学习活动中，学生自选课题、自定工作方案，这个过程教师不能直接干预，虽然最后评鉴是经教师提议进行的，但怎么做还是要由学生自己来决定。

（二）探究教学的模式

1. 情景引导

探究教学模式的展开离不开课程中的知识点。教师通过一定情景引入某一个知识点，这个知识点不是由学生来选择和确定的，也不是由社会生活中的某个现实问题而产生的，这个知识点是教师根据教学目标、教学进度来合理选取的。一旦确定了教学知识点，教师就可以针对这个知识点扩展开来，设置一系列问题、任务等，利用合适的教学手段创设相关的学习情景，引导学生进入这个目标中展开学习。

2. 启迪切入

确定了学习对象之后，教师在将其布置给学生之前需要向他们提出一系列富有启发性的问题，让学生进行深入思考，同时结合需要学习的对象，让学生带着这些问题切入到学习对象上，这一环节十分重要，是确保探究学习取得成效的关键环节。教师所提出的问题是否具有启发性，是否能够引起学生的深入思考，是探究学习的关键要点。

3. 自主探究

教师在教学时一定要注意调动学生对自主学习、探究学习的积极性，进而安排学生进行小组合作学习。在课堂上，教学目标的实现主要依赖于学生的自主学习、合作学习、探究学习来完成，因此这一环节对于教学效果的好坏而言同样至关重要。

在具体的操作过程中，教师需要处理好学生之间、师生之间、技术之间的关系。其中，教师的作用主要是支持与引导，学生则需要充分发挥主动性、积极性，利用网络、多媒体等技术来达到自主探究的目的。

4. 交流协作

交流协作与上述几个环节是紧密相关的。学生在自主探究、积极思考之后，就可以进入更高质量的协作交流阶段。换言之，协作交流的进行必须要建立在自主探究的基础上，如此学生的思路交流、观点碰撞、成果分享才能顺利进行。在这一过程中，教师需要起到合理的组织、引导、协调的作用。

三、从单纯语言学习转变为语言文化学习

（一）语言与文化关系密切

1. 语言与文化相互依存

语言是文化传承的载体，反之，文化对语言发展也有着巨大的推动作用。语言的发展对文化各个部分起着推动作用，如法律、政治、风俗、艺术创造、教育、思维等。相反，只有文化不断发展，语言才能发展。

语言是文化的一部分，并且属于最初始的文化，是文化的一个重要组成部分，是精神文化的基础。但是，语言是不可以超越文化存在的，不可脱离一个民族所流传下来的对这个民族风俗习惯与生活面貌起着决定作用的信念体系。同时，文化又对语言的形式起着制约作用，是语言赖以存在的基础，其不断将自己的精髓注入语言之中，是语言能够再生与发展的生命力量，成为语言的文化内涵与表现形式。因此，文化的发展将会对语言的发展起着促进作用；反过来说，语言的发展也对文化的发展有着巨大的意义。

2. 语言与文化相互包容

语言是文化的基础与重要部分。从这一意义上而言，语言是文化系统中的一个子系统，然而这一子系统有着自身的特殊性，即其在结构上能够将文化上的定点清晰地表现出来，其提供了对概念世界起着决定作用的分类系统。简单来说，语言是文化系统的一种典型形式，其对整体文化系统起着决定性的作用，其包容着文化的一切，对文化的一切有着涵盖的作用。

由于语言与人类行为是融合为一体的，语言是文化产生与发展的必由之路，因此语言能够详细地对一个民族的历史文化、娱乐游戏、信仰偏见等加以

反映。文化上的接触总是导致"语言货物"的交换。十字军东征时在巴勒斯坦的烈日下脱掉了原来穿的金属盔甲，而换上了阿拉伯人穿的一种棉布服装。于是这种服装传到了欧洲，出现了意大利语的 giubba、西班牙语的 aljuba、德语的 Joppe 等同出一源的指男用服装的词。

语言如水银泻地般的文化渗透力还使它在文化的历史发展中获得一种特定历史层面的心理氛围（the mental atmosphere），从而成为特定时代特定社会人类思想的典型标志。英国文学批评家 L. P. 史密斯指出：如果我们得到一份声称是中世纪手稿的抄本，而其中发现有 enlightenment（启蒙）、skepticism（怀疑主义）这样的字眼儿，我们将毫不迟疑地宣称，这明显是一份荒谬的伪造品；如果在一部假称是伊丽莎白时代（1558—1603 年）的剧本中，却看到 exciting event（激动人心的事件）、interesting personality（有趣的人格）这样的短语，或是发现剧中的角色在谈论着他们的感情，我们也将即刻抛弃它；如果在假设由培根嵌入到莎士比亚和他自己作品中的著名暗记里，读到 secret interviews（秘密会见）、tragedies of great interest（重大悲剧）、disagreeable insinuations（令人不快的暗讽），我们就可以开始怀疑培根对这些短语的著作权。

汉字的象形性对中国人认识世界的方式起着直接制约的作用，其使人在使用文字时不需要了解其读音就可以根据形态来把握其概念意义，并在一定程度上对其深层含义有所了解和把握。人们在学习汉语汉字的同时，对周围世界进行认知，完整地接受了这样一个致思途径与世界构图，以语言文字的形象贯通世界的形象，最终在语言文字上形成"一望而知"的思维形式，并以这种方式来容纳华夏文化。

语言统一文化各领域的功能，使语言问题在现代化进程中日益凸显出来，因为现代化的问题归根到底是人的现代化问题。这就不能不与人及整个民族和社会的文化意识、文化素质、文化传统、文化氛围、文化构成、文化功能、文化发展的态势等发生关系。因此，现代人无疑应该具有一种崭新的文化含义、文化形象和文化精神，这就必然需要在其思维方式、心理意识和审美情态等方面有一个较为深刻的革命，这一革命的必要条件就是语言的解读和更新。

从本质上说，语言是对传统的阐释与理解。人类生活在语言中，而能够对传统进行保存的是语言，因此人类已经在传统中生存，就在人对语言理解与接受的同时，传统已经通过语言进入到人类的生活中。人之所以成为现实与理性结合的人，就是因为他对某一文化传统的语言进行无可选择的接受，并通过语言对传统进行理解与解释。

语言的更新是思维方式革命和文化观念更新的必然要求。过去人们总是过多地强调思维而较少地谈论语言，并且往往在阐发语言和思维（形式和内容）的关系时，把语言放在一种从属的被动的位置，从而使语言的实际作用遭到忽略，事实上语言对于人类思维的发展和社会形态的形成有着不可低估的作用。

（二）单纯学习语言的局限性

1. 割裂了语言与文化的内在关联性

众所周知，语言与文化关系密切，语言是文化的载体，文化是语言的灵魂。语言教育肩负着使不同文化得以传递、保存、发展的重要责任，因此外语教育是一种文化传播的过程与手段。

语言与文化具有同构性。从语言的形式构成来说，任何语言都是由语音、词汇、语法等要素构成的；从原因的形成来说，任何原因都是对特定价值观念、思维方式等的反映，每一种语言都与某一特定的文化相互对应；而修辞的运用、语言结构的选择、语言意义的生成等都会受到文化特性、文化价值观的规范与制约。因此，就本质上而言，语言的发展与传播反映的是文化思维方式、文化价值观念等的变革。就教育层面来说，语言学习的过程就是文化理解、文化传播的过程，也是促进学生思维方式与价值观念建构的过程。如果学生的语言学习离开了文化学习，那么学生学到的仅仅是语言符号，只能导致语言学习的符号化。

也有人认为，文化学习是源自语言学习的。但是如果把文化的东西简单地视作形式化的语言符号，那么文化学习就走向纯粹的语言符号了。传统的外语教育只注重语言形式的学习与技能培养，人为地将语言教学与文化教学割裂开来。这样很多学生即便学到了语言知识，能够说一口流利的语言，但是也很容易出现语用错误。实际上，任何知识都是由三个部分组成的：符号表征、逻辑形式与意义，其中逻辑形式与意义不仅在符号表征中呈现，还在语言知识特有的文化元素中呈现。如果将语言的符号知识与其隐含的文化元素割裂开教学，便是割裂了语言知识与文化内涵之间的关系，这样的外语教育显然也会失去文化立场。

2. 不利于渗透国际理解教育

与母语相比，外语教育为学生打开了另外一扇窗户，能够引导学生了解另外一个民族的语言文字及其背后的文化与价值观念等，进而提升学生的文化理解力。尤其在当前经济全球化背景下，外语教育需要确立一种开放的思维方式，引导学生逐渐形成国际理解力，但是目前外语教育这种单一的语言学立场显然并未认识到文化的重要作用，很难让学生认识多元的世界，形成一个开放的思维。

3. 不利于提升学生文化选择力、文化判断力、文化理解力

我国社会就文化背景的构成来说，虽然不像西方国家社会具有那么大的差异，但是内部也会存在一些文化冲突。基于这样的现实，如何开展与文化模式相适应的教学呢？随着我国改革开放的推进，国际合作办学不断发展，很多城市开办了国际学校，招收不同国籍、不同种族、不同文化背景的学生，这必然对多元文化教育提出更高的要求。教师如果对不同的文化模式不了解，就很难驾驭多元文化教育的课题要求，很难提升学生的文化选择力、文化判断力、文化理解力。

（三）语言文化学习的意义

外语教育的文化立场作为外语教育的一种基本策略与思维方式，并不意味着在语言知识中简单嵌入文化因素，而是将语言知识与文化知识整合起来，更好地融为一体展开教学。要将外语教育的文化立场的意蕴显现出来。

1. 有利于实现外语教育的文化立场转向

外语学习不仅是一种语言学习，更是一种对多元文化认识与理解的过程。单一的语言学立场容易造成语言与文化的分离。众所周知，语言与文化是并存、共生的，二者是密不可分的关系，语言是文化的突出部分与表现形式，是文化的载体与产物。世界上没有不反映文化内容的语言，也没有与语言无关的文化。语言本身就属于一种文化现象。一个民族的文化在其民族语言中隐藏，因此语言结构具有民族文化的通约性。如果不了解语言中的社会文化，那么就很难真正地理解语言。因此，就本质上说，语言教学与文化教学有着密不可分的关系，语言教学本身应该将文化内容纳入其中来讲授。而且，学生通过对文化知识的学习，能够了解不同的思维方式与风俗习惯，拓展他们语言学习的知识面，提高自身的文化修养。

2. 有利于克服单一的语言知识教学的局限性

外语教学不仅是一种文化教学，更是跨文化视角下的文化回应性教学。所谓文化回应性教学，即要求在教学目标上培养学生尊重其他文化的态度与意识，帮助学生形成对自身文化的自豪感与认同感，使学生能够从不同视角出发对同样的事件和经验加以审视与理解，提升自身对文化差异的鉴赏力。外语学习其实属于一种跨文化学习，外语与母语有着不同的价值观、不同的文化背景，因此在外语教育中，教师需要引导学生在了解语言符号知识的基础上，对不同的文化立场与文化背景进行认识和了解。同时，也要回归母语文化，对不同文化因素的差异性进行判断与理解，对人类共同的核心价值观进行识别，从而有助于培养学生形成尊重其他文化的态度，构建对自身文化的自豪感。

第二章

需　求　分　析

需求分析理论起源于 20 世纪六七十年代，最初应用于专门用途英语（English for Specific Purposes，ESP）教学领域，主要关注的是目标情景下学习者的语言需求。随着外语教学的发展，需求分析理论的关注点开始从关注目标情景下学习者的语言需求转变到学习者的语言学习需求，需求分析理论也逐步应用于通用英语教学领域中，进而成为外语教学中必不可缺的条件。在外语教学中，教师对学生需求进行分析，有利于平衡、顺利地开展外语教学，有利于增强学生学习外语的积极性，也有利于实现外语教学目标。本章就来探讨需求分析理论的相关内容以及需求分析理论对现代外语教学的意义。

第一节　需求分析的内涵与意义

一、需求分析的内涵

需求分析有广义与狭义之分。广义的需求分析是指学习者除了自身的学习需求，还需要考虑单位、组织者、社会等其他方面的需求。狭义的需求分析则仅涉及学习者个人自身的学习需求。

在国外，学者理查兹等认为，"需求分析是了解语言学习者对语言学习的需求，并根据轻重缓急的程度安排学习需求的过程。"概言之，需求分析主要是为了了解学习者学习语言的原因、需要学习语言的哪些方面以及学到何种程度等内容。

在国内，学者陈冰冰认为，"需求分析是通过访谈、内省、观察、问卷等方式对学习者的学习需求进行的调研，这种方法已经广泛应用于教育、经贸、服务、制造等行业中。"

在语言教育领域中，最早出现的需求分析是针对专门用途英语展开的。在专门用途英语的学习中，学习者的学习需求主要表现在：为了达到某些目标对所需要的语言知识、语言技能展开学习。后来，随着高校英语教学的深入发展，需求分析的应用范围越来越广泛，涉及语言、教材、情感等方面的人的需求、愿望、动机等。

二、需求分析的意义

需求分析理论对外语教学的意义主要体现在以下几个方面。

（一）提升教学设计的效果

通过需求分析得出的结果可以充分论证教学设计的必要性与可能性，使教师、学生以及教育工作者可以集中精力解决教学中的难点问题，从而有效提高教学的效率与质量。

具体而言，通过需求分析的结果，教师可以准确把握教学与学生需求差距的资料与数据，在此基础上设计教学的整体目标。需求分析结果可以作为设计教学整体目标时内容、目标、策略、效果等设定的依据。

因此，需求分析尤其是大学生外语学习需求分析的结果对于外语教学设计的成功以及后续工作的方向、成败具有至关重要的作用，需要引起教育者的高度重视。

（二）突出教学重难点

大学外语教学往往是在教学目标的指导下展开的，所以需要明确教学的重点与难点，如此才能有针对性的展开教学。可见，教学重难点是为整体教学目标提供服务的。

需求分析对于教学目标中重点、难点的确定是至关重要的。通过大量的教学实践人们发现，国内大学生在外语学习过程中对于听力、口语、阅读这几个方面的掌握存在困难，因而在规划整体教学目标时就可以将这几个方面作为教学中的重点与难点。因此，目标的多样性决定了教学的重点、难点也是多种多样的。

当外语教学目标从认知向非认知扩展的时候，也需要将重点和难点相应扩展；当教学重心从认知向非认知转移的时候，也需要将重点和难点转移。

第二节　需求分析的对象与分类

需求分析的对象与分类在不同的分类标准的影响下会有所不同。下面进行具体分析。

一、需求分析的对象

需求分析的对象包括以下四个方面。

第一，学习者。这主要包括学生以及其他有学习需求的学习者。

第二，观察者。这方面主要包括教师、教学管理人员、助教、语言项目的相关领导等。

第三，需求分析专家。这主要是指专业人员或者具有丰富经验的大纲设计教师等。

第四，资源组。这方面指的是能够提供学习者信息的人，如家长、监护者、经济赞助人等。

二、需求分析的分类

很多研究者从不同的角度对需求分析进行了不同的分类。

布朗将需求分为三组不同的类型，情景需求与语言需求、客观需求与主观需求、语言内容与学习过程。

贝维克将需求分为察觉需求和意识需求，察觉需求指的是外语教育者根据外语学习者的学习经历设定的需求，意识需求指的是外语学习者必须达到某种水平的需求。

哈钦森和沃特斯把需求分为两大类：目标需求和学习需求。

达德利·艾文斯和圣约翰将其他专家对需求分类的观点进行了整理。

布林德利和鲁滨逊在需求分析的基础上，提出了客观需求与主观需求一组概念。他们认为，学习者目前的外语水平、语言学习中的难点等客观情况属于客观需求；学习者在学习过程中的认知和情感状况属于主观需求。

第三节　需求分析的内容与过程

一、需求分析的内容

一直以来，众多学者对需求分析展开了研究，不同学者的研究存在不同视角，所得出的成果自然也存在差异。同样，对于需求分析的内容，不同学者也提出了不同的看法。

（一）哈钦森和沃特斯的观点

学者哈钦森和沃特斯认为，需求分析包括目标需求、学习需求两个方面。其中，目标需求指的是学习者在目标情景中所能掌握的可以顺利使用的知识、技能。另外，这两位学者又进一步将目标需求分为必备需求、所缺需求、所想需求。而学习需求指的是学习者为了掌握所需要掌握的知识内容所进行的一切准备活动。

（二）布朗的观点

学者布朗认为，学习需求在内容上可以分为以下三大类，他认为这种分类方式可以有效缩小需求分析的调查范围。①形式需求与语言需求。②语言内容的需求和学习过程的需求。③主观需求和客观需求。

二、需求分析的过程

需求分析需要遵循合理的顺序进行科学分析。肯普提出了检验需求分析的四条标准：有无计划、有无数据、有无分析和有无报告。依据肯普的这一标准，可将需求分析的过程归纳为：制订计划、收集数据、分析数据、写分析报告。

（一）制订计划

在进行需求分析之初制订好计划是有效分析的重要保证。试想如果在分析信息之前没有明确的决策和方向，对所有可能用到的信息照单全收，就会出现资料冗杂、无法应对的局面，这样的结果往往是浪费了大量的人力物力，但却收效甚微。

因此，在进行需求分析之前就要对研究的基本决策进行确定。麦基和博斯凯认为在调查之前首先应该明确三个问题。①应该调查哪方面的信息。②为什么要调查这些信息。③如何收集到必要信息。

在对上述三个问题进行明确之后，调查者可以此为根据设计出所要提出的问题以及寻求到问题的具体答案。

（二）收集数据

在进行需求分析的过程中，可以根据程序和工具收集一系列分析所需的数据和资料。

一般而言，数据收集的方式主要包括案例分析、观察、结构式调查与访谈或无结构式调查与访谈、问卷调查、测试、成绩评定、课堂观摩、案例调查、正式讨论会等。

在实际操作过程中，可以根据具体需要，综合考虑不同因素，如不同专业、不同生源特点、不同办学层次等，综合使用多种方式，以保证调查结果的科学性。此外，还要注意确保数据的真实、可靠。

（三）分析数据

当资料收集完毕之后，需要对所得信息进行整合和分析。这里需要指出的一点是，由于需求会有历时和共时的变化，因此在需求分析的过程中，要注意分析结果的完整性和阶段性。沃特斯和哈钦森等人强调需求分析是一个动态的过程，并不是一劳永逸的。因此要注意，需求分析应该是连续的、重复的，应该随着课程的进展而不断进行适时、反复地分析。

（四）写分析报告

分析报告的起草是需求分析过程的最后一个环节。在写分析报告时，可以对学习目的、需求分析过程和对象进行总结，用简要文字或图表说明结果，并以数据分析结果为基础，提出合理的建议。此外，在需求分析的过程中，还需要注意一些问题。例如，科恩等人在 *Research Methods in Education* 一文中指出了开展需求分析应注意的问题：①特定环境下对需求的定义，如具体问题或具体需求的确定与操作。②现实问题或当前需求的实质所在。③需求的严重性及程度。④需求的动机及起因。⑤需求的预报。⑥需求或问题的各项统计指标和数据。⑦需求或问题的类型、规模和范围，开展需求分析的余地及复杂化程度。⑧需求的子项目及所含的子成分。⑨需求的各个方面中哪些方面需要给予优先或者重点考虑。⑩需求未给予重视会产生的后果。⑪需求给予关注后会产生的结果。

第三章

语言学习策略的需求分析

　　学习策略是促进学习者展开学习的一项有效手段，也是学习者展开学习的基本思想与思路。学习策略对语言学习非常重要，与语言学习的成败有着密切的关系。本章就对语言学习策略进行需求分析，包含语言学习策略的定义、分类及需求分析。

第一节　语言学习策略的定义

一、语言学习策略的内涵

（一）语言学习策略的概念

　　学习策略是心理学不断发展的产物，与学习者的认知方式紧密相关。现代心理学研究的不断深入使人们认识到人脑的学习机制是可以探知的领域，与此同时也促使第二语言习得的研究逐渐由"教"转向"学"，转向对学习者及其学习策略的研究。学习策略是学习者在学习过程中所采用的各种策略，包括元认知策略、认知策略等。

（二）语言学习策略的研究

1. 国内外研究情况概述

　　国内外对学习策略的研究主要有两种：描述性研究和介入性研究。吴勇毅介绍了这两个方面的学习策略研究，他指出学习策略的描述性研究主要是确认学习者使用了何种学习策略，并进行定义和分类，同时进一步发现学习者如何选择和使用策略，以及这些策略是否有效。介入性研究则建立在描述性研究的基础上，期待将描述性研究的成果应用到教学中，交给学习者有效的学习策略，并引导他们根据个人特点和学习目标选择适合的策略以帮助提高学习效率。另外，在学习策略的定义和分类方面，钱玉莲教授做了不少研究。

　　钱玉莲在综述第二语言学习策略研究现状的基础上，认为学习策略研究应该分国别、分课内与课外进行研究，强调探讨汉语学习中的一些特殊策略。然后，钱玉莲指出了前人学习策略分类的不合理之处，她基于教学实际，对第二语言学习策略重新进行了系统的分类，并确立了一个基于教学的第二语言学习策略框架体系，该体系包括宏观策略体系和微观策略体系。之后，钱玉莲又进一步总结了学习策略的定义及特征，然后和相关概念作了系统地对比与辨析，以期帮助人们更好地理解相关概念的异同点。

迄今为止，学者们做了大量的工作，致力于学习策略的结构、层次以及学习策略分类的研究。国内学者中，以文秋芳的分类最有影响，她将学习策略分为两大类：管理策略和语言学习策略。前者与学习过程相关，而后者则与语言学习材料相关。

国内学习策略的研究成果早期主要集中在外语教学界，他们最先引进和介绍国外的学习策略理论、个案分析、调查和实验研究。例如，吴增生、庄智象和束定芳、秦晓晴、张日美等都从宏观的角度分别介绍了国外的学习者策略研究以及学习者策略研究的意义、方法、主题和分类以及成果。王初明和文秋芳则采用调查和描写的手段探讨了外语学习者的策略和方法。

从微观的研究来看，吴一安、文秋芳分别就学习策略和成绩的关系进行了研究。卜元、王文字则描述了不同的词汇记忆策略。张文鹏研究了外语学习动机和策略运用的关系，得出结论：具有强烈学习动机的学习者可能会使用大量不同的学习策略。刘治和刘月珍则系统介绍了国外二语习得学习策略的介入性研究，主要包括理论基础、操作程序和有效性等几个方面。曾洁（2011）、高黎等（2016）则针对语言专业的大一新生进行了涉及听说读写、词汇学习、文化学习、思辨能力以及学习者自我管理的语言学习策略培训，并通过定量和定性分析相结合的研究方式，对语言学习策略培训进行了效果反思。

国外关于学习策略的研究开始于 20 世纪六七十年代，那个时候的研究主要是描述学习者使用的各种策略，并试图揭示语言习得成功者的学习策略，进而发现有利于提高学习效果的学习策略。20 世纪 80 年代以后，在二语习得理论和认知理论的支持下，学习策略研究发展很快，而且有了更为详细和科学的分类，其内涵和外延都不断扩大，然而始终缺少一个统一的理论框架，且研究者们对学习策略的认知和定义也并不一致。20 世纪 90 年代以来，大量的实验研究拓展了学习策略研究的领域，人们认识到成功地习得一门语言远比人们想象的要复杂得多，学习者的性格、爱好、学习观念、奖惩制度等各种因素都会影响学习者学习策略的选择。成功的语言习得者所采用的策略并不一定适用于所有学习者，教师在引导过程中要考虑学习个体的性格差异、年龄差异、文化差异等诸多因素，同时学习策略的发挥也是存在各种变量因素的。

2. 我国汉语学习策略研究

我国汉语习得研究中对学习策略的研究还处于起步阶段，但学者们的研究大多比较务实、细致，针对具体问题提出解决方案。

吴平通过对留学生汉语写作错误的分析，探讨了留学生经常错误使用的四种学习策略，包括语际（语内）转移、（过度）概括、简化和回避等。

钱玉莲基于一个访谈和开放式调查，建构了一个"中文阅读学习策略量表"，并用该表调查分析了中高年级阶段韩国留学生的阅读学习策略。结果表明：韩国学习者在阅读观念和学习策略的使用上不存在显著的性别差异；但是不同年级韩国学习者在使用超文本观念、选材策略、预览策略和互动策略时有显著的差异；推测和语境策略是韩国学习者最常用的，然后是标记、略读和预览策略，母语策略及互动策略最不常用；预览策略可以在一定程度上预测韩国学习者学习成绩，但文本观念和互动策略却有轻微的负预测力。

吴勇毅和陈钰采用量表测试对 24 名外国学习者的听力学习策略展开了调查和研究。通过对善听者和不善听者的对比分析发现，二者在听力时采用的策略，包括元认知策略、认知策略和情感策略等差异明显。前者在听力过程中，不仅关注意义，也很注意语言的形式，他们会使用多种策略，以达到主动参与而不是被动接收的目的，这样使得他们在策略选择上更为灵活多变，遇到的困难也就更少。

马明艳进行了一项个案研究，对象为非汉字文化圈国家一个汉语零起点的学习者。她以学习者课堂笔记以及作业中的汉字为研究材料，从书写错误、字形策略、记忆策略、应用策略、复习策略、归纳策略等角度，研究了该学习者各阶段汉字学习策略的特征以及学习策略的发展趋势，同时她采用汉字测试和调查等辅助方式，对该学习者不同阶段学习策略的使用及发展趋势作了对照性的研究。

吴勇毅采用访谈等方式对意大利学习者的汉语学习策略进行了个案研究。他以学习者在口语学习时使用的策略为研究对象，发现了一些规律："在汉语作为外语的环境下，好的学习者大都会采用一种'寻找和建立固定的语言伙伴'的学习策略。"他还指出：个案研究的特殊性可与大量样本的定量分析相互作用，从特殊与普遍两个角度深化认识。

钱玉莲和赵晴菊对留学生汉语输出学习策略做了探讨和研究，具体内容包括汉语输出学习策略研究的理论基础、留学生汉语口语输出学习策略研究、中外学习者汉语书面输出学习策略比较研究、对外汉语输出技能教学对策研究等。对推动外国学习者汉语输出学习策略的深入研究起到了积极作用。

鉴于汉语的特殊性，在进行学习策略理论基础研究的同时，应更多地进行针对汉语特点的学习策略研究。在全球范围内，不同文化圈的学习者在习得语言时采取的策略也可能是有规律性区别的，因而进行不同文化圈学习者策略的对比是有必要的。学习策略的有效性以及培训的实验研究不管是在外语教学界还是在对外汉语教学界都应该逐步深入。

二、语言学习策略的特点

在语言学习策略研究领域，对于学习策略的特点是什么，长期以来一直是众说纷纭。

艾利斯在综合了各种关于学习策略的观点和看法之后，曾归纳出语言学习策略的八大特点：①学习策略既可以指一般的学习方法，也可以指第二语言学习中采取的特定动作或技巧。②学习策略是以问题为指向的，即学习者采用学习策略是为了解决一些学习中遇到的具体问题。③学习者一般都能意识到自己所使用的策略，如果别人要求他们描述自己的所做所想，他们是能够描述策略的内容的。④策略包括语言行为和非语言行为。⑤语言策略可以使用第一语言或第二语言执行。⑥有些策略是显性的、可直接观察的行为，有些则是隐性的、不能直接观察的心理活动。⑦策略主要给学习者提供可处理的二语信息，因此是对语言学习"间接地做贡献"，但有些策略也对语言学习"直接地做贡献"。⑧策略的运用因学习任务而异，因学习者个人的偏好而异。

此外，下列特点也已得到广泛认可。①作为二语学习者为了提高二语水平所采取的方法和手段，学习策略体现在二语习得和使用的全过程中。②学习策略是灵活的，是受到多种因素影响的。③学习策略是可以教授、培训的。

三、语言学习策略的重要性

"学而不思则罔，思而不学则殆"这一观点的提出指出了学习策略是非常重要的。法国学者卢梭也证明了这一点，甚至在卢梭看来，策略的形成比获取知识更为重要。

不管是谁，在学习中都会运用到学习策略，但是不同的是，有些人运用学习策略具有自觉性，有些人使用学习策略是不自觉的。例如，中国人拿筷子是非常常见的事情，看起来也没什么方法；但是如果西方人想学会使用筷子，他们就可能需要花费很长的时间。这就说明，筷子的使用也是有方法的，只不过中国人是从小不自觉就习得的，而西方人需要花费时间来学习。

学习策略对于学习者的学习过程是非常重要的，如果是积极的学习策略，那么必然有助于学习者的学习。众所周知，预习是非常重要的，但是很多学习者由于课本中存在很多的生词，他们无形中就认为预习等同于查询生词，很少有学习者认识到课文中存在的难点。由于学习者对难点的查找是不自觉形成的，未将这一项目作为预习的重要层面，因此导致未实现预习的效果，这样的预习也就是可有可无的。如果没有充分的预习，学习者在课堂中就很难学习到知识的深层意义，也不会集中注意力在学习之中。学习者本身没有疑点，那么在学习中也不会向教师提出疑问，这样一来，课堂就变成了教师教授、学习者记笔记的情况。反之，如果学习者能够对学习策略进行有效的运用，提前做好预习的准备，那么就会在课堂上主动索取知识，并发现问题，进而解决问题。这样学习者就会不断提升自身发现问题、解决问题的能力。

要想将学习策略的意义发挥出来，学习者首先就需要对学习策略有清楚的了解，并选择适合自己的学习策略。在学习过程中，学习者会形成自身的学习方法与观念，并不断产生新的方法与观念。为了避免在学习中走弯路，学习策略需要不断地进行更新，并且这种更新要与学习内容的更新保持一致性。学习者要在使用学习策略的过程中，检验策略是否正确，这就需要教师的引导。

学习策略是基于人的经验而形成的，选择适合的学习策略，会让学习者的学习事半功倍。例如，对读音规则的运用可以让学习者提升背单词的效率，但是如果教师不能把这一规则教给学习者，那么学习者将会发挥更多的时间来总结，同时还不能保证是否正确，这样对于学习者来说就加大了困难。

学习策略的使用有助于培养学习者各方面的能力，提高学习者的素质。现在正处于知识爆炸的时代，人类的科学知识以惊人的速度在发展着，知识更新换代的周期也一直在缩短，学习策略的更新与调整日益迫切。为了使学习策略与学习内容的更新保持一致，教师必须加强对学习者学习策略更新能力的培养，提高学习者应对和解决各种问题的能力。

第二节　语言学习策略的分类及需求分析

一、语言学习策略的分类

由于研究者的研究目的、被试者的个人差异和环境等因素的不同，造成了学习策略的多样性，学习策略分类的角度也不尽相同。主要有以下三种分类。

1. 斯凯恩的分类

（1）根据学习者处理学习情景的能力划分

主动参与策略：学习者主动寻找学习机会，并参与练习活动，反应积极。

解释与确认策略：学习者利用查字典和意译的方式，获得词语等的应用实例，并从句子里确认词语等的意义。

（2）根据学习者的方法素质划分

跨语言比较策略：学习者把母语和目的语进行对比，推论出二者的异同。

归纳策略：对语言形式进行归纳分析，找出一定规律。

（3）根据学习者的评价能力划分

监控策略：学习者验证自己的假设，自我纠正，注意错误产生的原因。

自我评价策略：根据精确性和完整性来检验自己语言学习的成果。

2. 奥马利等人的分类

奥马利等人根据信息加工模型把学习策略分成三类。

（1）认知策略

学习者对学习材料进行直接的分析、转换或综合以解决问题。这类策略都具有认知处理的功能。其中包含重复策略，即学习者通过练习和不出声的复述，反复模仿语言结构；记笔记策略，即学习者把口头呈现的重要的语言点记录下来；关联策略，即学习者把新信息和记忆里的旧信息相联系。

（2）元认知策略

学习者利用认知处理知识，通过计划、监控和评价来管理语言学习。这类策略具有执行功能。其中包含直接注意策略，即学习者对语言输入里某些方面进行集中注意，从而忽略干扰事物；自我管理策略，即学习者了解哪些条件可以有助于学习，并可以自己创造安排这些条件。

（3）社会与情感策略

学习者自己选择与其他学习者或目的语的母语者进行接触的方式。其中包含合作策略，即学习者与其他学习者合作学习，以获得更多的反馈，并共同分享信息，模仿语言行为；要求解释策略，即学习者向教师或目的语的母语者要求重复、意译和解释某种语言现象。

3. 奥克斯福德的分类

奥克斯福德的分类是最好理解的（如图 3－1）。直接策略直接影响语言学习，需要对语言进行心理操作；间接策略通过集中注意力、计划、评价自我、控制焦虑感和增加与他人合作机会等间接影响语言学习。

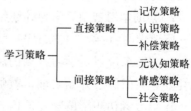

图 3－1　奥克斯福德的学习策略系统

以上学习策略的分类为研究学习策略对语言学习的影响奠定了基础，但是这些研究都存在一个共同的问题——分类的推论性太强。下面具体来分析几个重要的语言学习策略。

二、元认知策略

（一）元认知策略的内容

① 预先准备，是指预先全面了解学习的原理和概念。

② 预先预习，是指预先演练和计划语言结构，为将要学习的语言任务做好充足的准备。

③ 定向注意，是指预先决定好将注意力集中在哪一项学习任务上，忽视无关的干扰因素。

④ 选择注意，是指预先决定关注语言输入的哪些情节、细节和哪些具体方面，实现对语言输入的短时记忆。

⑤ 自我管理，是指认识和了解对学习有利的各种条件，主动创造这些条件。

⑥ 自我监控，是指注意语言表达的得体性和正确性，对于语法、语音、措辞等方面的错误要进行及时更正。

⑦ 延迟表达，是指有意识地在初级阶段先通过听力理解、吸收，推迟表达。

⑧ 自我评价，是指检查自己的语言学习结果是否准确、完满。

（二）元认知策略的培养

1. 培养学习者的元认知意识

元认知策略的内容，主要是为了培养学习者的元认知意识。所谓元认知意识，即学习者从自身的学习规律与条件出发，对自己的学习活动进行自觉组织的能力。培养学习者的元认知策略有助于学习者对自己的学习进行更好的管理与支配，使学习者成为学习的主导。在教学中，教师不应该仅仅教会学习者获得知识与体验，还应该鼓励他们进行突破，从而获取新的学习手段与方法。

2. 帮助学习者制订学习计划和确立学习目标

所谓学习目标，即学习完一门课程之后需要达成的目标或者需要达到的本领。一般来说，对学习计划的制订与学习目标的确立是一起进行的，并且往往要在一门课程开始之前。教师应该在准备阶段，将总体目标介绍给学习者，让学习者初步了解学习的内容与目标，然后引导学习者对学习资源加以运用，以实现学习目标，培养他们对资料搜集的能力，激发学习的兴趣与积极性。

3. 训练学习者的元认知监控调节策略

教师要想建立以学习者为中心的课堂，就需要将学习者的能动性发挥出来，让学习者运用规划、调控等策略，管理与监督自己的学习行为与过程。

同时，教师也需要发挥好示范与促进的作用，为学习者安排学习任务的同时，与学习者一起完成任务，这样可以使学习者主动参与其中，明确自己的目标与内容，对每一次的学习机会都能把握牢固，对自己的学习过程加以管理与监控。

三、认知策略

（一）认知策略的内容

概括来讲，认知策略主要包括以下内容。①复述，是指将输入信息中需要记忆的内容进行复述。②组织，是指根据句法属性或语义对概念和词等进行分类。③猜测，是指运用书面信息或口语来预测结果、猜测词义、填补空缺信息。④总结，是指对输入信息进行周期性的总结，以便更好地记忆。⑤演绎，是指运用一定的规则来理解语言。⑥归纳，是指通过使用例子来总结规则。⑦意象，是指运用视觉表象来实现对新信息的理解和记忆。⑧迁移，是指通过对已有语言知识的运用促进新的学习任务完成。⑨精加工，是指在已有信息与新信息之间，或在新信息之间建立命题联系并加以整合。⑩注意，是指将思想集中于重要信息或与学习有关的信息上，要对信息材料保持高度的警觉。⑪简化，是指运用数字、符号、缩写、关键词等记录和储存信息。⑫联想，是指建立起知识之间的联系。

（二）认知策略的学习

语言教学除了要对学习者的语言能力进行培养，还要积极提升学习者的认知能力，以帮助学习者有效解决自己在学习和生活中遇到的各种新问题。也就是说，在学习者的语言学习中，要积极促进其认知的发展。

学习者在对世界进行认知时，其主要的途径便是观察，因此积极培养学习者的观察力是很有必要的。此外，学习者观察力的发展水平对其智力的发展也有重要影响。这里所说的观察力，指的是个体对客观事物进行有目的、有计划地感知的能力，它是提高学习者认知能力、培养学习者语言能力的基础。学习者只有具备较强的观察力，才能在阅读时更容易地认清字形，读准字音，分清层次，了解文章内容；在写作时对所要叙述或描写的对象有更为清晰的观察，继而写成生动、真实的文章。那么，如何在语言学习中培养学习者的观察力呢？具体途径有以下几个。

1. 积极引导学习者养成良好的观察习惯

心理学的相关研究表明，一种行为要想被牢固、稳定地保持下来，必须要成为习惯或者说成为动力定型。因此，要想学习者不断提高自己的观察力，必须使其养成自觉观察、勤于观察的好习惯。

2. 积极激发学习者的观察兴趣

在对学习者的观察力进行培养时，一个重要的前提就是激发学习者的观察兴趣。在这一过程中，既可以通过讲述名人善于观察的故事来诱发学习者的观察兴趣，也可以结合语言学习行为来激发学习者的观察兴趣。比如，在讲解英语课文时可以通过观察直观教具的方式，帮助学习者在理解课文的同时，提高自己的观察力。

3. 教会学习者观察的程序与方法

对于学习者来说，掌握了观察的程序与方法，对其观察力的提高也有重要的作用。

在语言学习中，要培养学习者的观察力，必须按以下程序进行。

第一，引导学习者以教材的内容以及教学的要求等为基础，制订详细的观察计划。在这一观察计划中，必须选择好观察的内容、安排好观察的时机、确定好观察的材料等。

第二，帮助学习者明确观察的要求。要想使学习者的观察具有目的性，必须要帮助学习者明确观察的要求。在这一过程中，需要教师向学习者明确提出观察的任务或目标，以引导他们的注意力切实指向观察对象。

第三，帮助学习者明确观察的顺序。通常来说，观察是有一定的顺序的，而且合理的观察顺序既能节省观察时间，又能取得好的观察效果。从整体到部分再到整体、从左到右、从上到下等，都是十分常见的观察顺序，而且在具体的观察过程中，所采用的观察顺序不同，得出的观察结果也会有一定的差异。

第四，指导学习者做好观察记录。学习者在观察时，会获得多种多样的信息，而学习者要仅凭记忆记住这些信息是十分困难的。因此，在培养学习者观察力时，要注意指导学习者做好简明的观察记录。

四、交际策略

（一）交际策略的类型

交际策略包括以下几种类型。

1. 词汇策略

① 目的语策略，是指学习者采用目的语对某一词语进行描述。

② 迂回说法，是指学习者用目的语对某物的成分或某行为的特点进行描述，使对方明白自己的意思。

③ 创造新词，是指学习者为了将所要表达的概念表达清楚而创造出一个新的词汇。

④ 用近义词，是指学习者用目的语中的某个词代替所要表达的词语。

⑤ 用同义词，是指学习者使用同义词表达另一词语的意思。

⑥ 用反义词，是指学习者使用反义词表达另一词语的意思。

2. 知识策略

学习者根据自己的经验和常识，通过联想的方式，使用目的语来表达某一词语的意思。

① 举例。Suppose the woman wants the money，so she wants to marry him.（Vanity）

② 文化特征。I think in Beijing there are a lot of this fruit.（Peach）

③ 比喻。The tool shape is like number seven.（Hoe）

3. 重复策略

学习者将自己说过的话重复一遍，希望对方能够再次考虑一下，猜出词语中包含的意思。

4. 求助策略

学习者要求对方对某一词语做出解释或提供某一词语的正确语言形式。

5. 手势策略

学习者在交际时，往往需要辅以手势来表达意义。

6. 回避策略

学习者在交际过程中回避使用某一语言单位或放弃某一话题。

（二）交际策略的培养

交际策略的培养可以使学习者运用有限的知识实现无限的目的，因此必须培养学习者的交际策略。具体来说，可以从如下两点入手。

1. 积极参与交际活动

要想培养交际策略，首先就需要交际活动。因此，学习者必须勇敢地运用外语与他人展开交流，不要害怕在交流中会出现一些错误，因为错误是难免的，不应该有所畏惧，要敢于大声说。同时，学习者要学会利用各种方式与手段提升自己的交际能力，让自己置身于真实的情境之中，采用有效的策略展开学习。

2. 敢于实践交际策略

学习者在交际过程中要敢于表达自己的观点、想法和情感，要将注意力放在交际的内容上，而不是只注重语言的形式。要尝试使用交际策略解决语言困难，保证交际活动正常进行，在不断熟练使用交际策略的过程中，增加自信心，提高交际能力。

交际策略是重要的学习策略，学习者掌握了交际策略可以更好地处理交际中遇到的各种问题，更好地完成交际任务，从而提高自己的语言交际能力。

五、记忆策略

(一) 记忆的三个阶段

记忆包括三个阶段，即瞬时记忆阶段、短时记忆阶段和长时记忆阶段。

1. 瞬时记忆阶段

瞬时记忆是指时间在 2 秒钟之内的记忆。在瞬时记忆阶段，外界信息进入感觉通道，并以感觉映像的形式短暂停留。

2. 短时记忆阶段

短时记忆是指时间不超过 1 分钟的记忆。在短时记忆阶段，储存在感觉通道中的感觉信息大部分会迅速消退，只有经过复习的小部分信息才会被保存在短时记忆中。在短时记忆过程中，语言形式的材料信息一般以听觉的形式进行编码，而动作和空间形式的信息一般以视觉形式进行编码。

3. 长时记忆阶段

将短时记忆阶段所储存的信息进行复述和编码，使之与个体的经验之间建立起牢固而丰富的意义联系，就可能转变为长时记忆。长时记忆的时间为 1 分钟甚至终生，其记忆的容量非常大，包括主体所能记住的一切经验。长时记忆阶段的信息大多以自然语言为中介进行编码，有时也会采用视觉表象作为编码的中介。长时记忆中的信息会在主体需要时被检索并提取，从而得以再现。

(二) 记忆策略的培养

记忆策略包括简化、联想、重复、背诵等多种策略，关于记忆策略的训练方法主要有以下几点。

1. 不断增强记忆的信心

每个人都有非常大的记忆潜力，平时所利用的记忆力也仅仅是其中的一小部分，绝大部分还处于未开发状态。因此，教师在教学过程中，要经常告诉学习者他们的记忆潜能是极大的，借助科学的记忆方法能够大大提高学习者的记忆力。这对于增强学习者记忆的信心是极有帮助的。

2. 带着一定的目标进行记忆

随着素质教育的提倡，有不少人认为学习语言时不必进行记忆和背诵了。事实上，记忆仍是学习者学习语言的基础，而且对于学习者整体学习能力的提升有着重要的影响。为了帮助学习者更好地进行记忆，教师要注意在语言教学中经常围绕着教学目标向学习者提出记忆任务和要求，即要让学习者明确记忆的目标。事实证明，记忆目标越明确，学习者的记忆效果就越好。

3. 注意机械记忆与意义记忆相结合

机械记忆与意义记忆虽然在记忆的侧重点方面有所差异，但都是十分有效的记忆方法。将这两种记忆方法进行有机结合，能够帮助学习者更牢固地掌握所需记忆的内容，并学会对所记忆的内容进行活用。也就是说，学习者学会了合理运用机械记忆与意义记忆，其记忆力便可能得到大大提高。

4. 学习科学的记忆方法

这里所说的科学的记忆方法，指的是遵循并利用记忆的规律达到既定记忆目的的有效方法。在语言学习过程中，学习者可以利用的记忆方法有很多，如比较记忆法、歌诀记忆法、提纲记忆法、联想记忆法、谐音记忆法、争论记忆法、分类记忆法等。教师在语言教学过程中，要准确地将这些记忆方法教给学习者，以不断提高学习者的记忆能力。

5. 进行有效复习

随着时间的推移，个体的记忆出现不同程度的遗忘是不可避免的。由于遗忘是有规律的，即距离识记的时间越短遗忘越快，距离识记的时间越长遗忘越慢，因此必须要指导学习者进行及时的、经常性的复习。此外，在引导学习者进行复习时，教师要注意运用多样化的复习形式，如设问法、讨论法、抽查法等。

记忆策略的研究对语言教学有重要的指导意义，同时学习者对于记忆策略的适当运用有利于促进学习，对记忆策略的掌握与运用是学习者学习语言知识的重要条件。

六、资源策略

(一)课程资源的开发与利用

1. 教材的处理

教材是课程资源的核心，对于教师来说具有重要作用，它是教师教学的重要依据。教师在运用教材时要善于结合实际，创造性地对教学方法、教材的内容和编排顺序进行适当的调整和取舍，具体的处理方法如下所示。①适当地补充和删减教材内容。②替换不适宜的教学内容和教学活动。③扩展教学内容或活动步骤。④对教学顺序做出调整。⑤适当地调整教学方法。⑥及时总结教材的使用情况。

2. 教材与其他教学资源的处理

教师除了要充分利用好教材，还要积极利用好其他课程资源。王雅芬提出了教材的二次开发模式，她认为"教材本身就是经过筛选了的课程资源，在英语教学过程中，根据教学的需要或根据学习者发展的需要，与教材内容相关的一些课程资源需要教师和学习者一起去开发并利用。所谓的教材二次开发，就是教材的再开发、多次开发，就是将这些与教材内容相关的、对学习者学习有意义的材料，经过教师的努力在教学过程中呈现给学习者"。现代信息技术的高速发展赋予了教材新的内涵，除了教师手中的教科书、学习辅导读物、指导用书之外，各种报纸杂志、图书资料、录像光盘、计算机软件、网络信息化资源等都属于教材的范畴。此外，自然环境、现实生活和社会发展也可以成为教材的资源。现代的教育理念认为教学要以教材为依据，但不局限于教材本身，教师要在课堂上与学习者积极互动，开发有价值的课程资源，为不同阶段的学习者挑选合适的图书教材、电子教材、视听教材和网络教材等，拓宽学习者的视野，强化学习者的情感体验，提高课堂教学的效率。

（二）资源策略的培养

教师对学习者资源策略的训练主要包括以下几方面内容。①教师要为学习者布置课本以外的作业。②教师要指导学习者多做项目。③教师要为学习者布置跨学科作业。④教师在布置作业时要保证学习者能够从博物馆、互联网、图书馆、实验室、多媒体平台等途径获得答案。

资源策略的训练主要是以"任务"为媒介，让学习者在亲身体验、完成任务的过程中，获得成就感，培养学习者广泛收集信息的能力，形成资源策略。学习者应该在具备自主学习能力的基础上，掌握资源策略，提高自己独立获取信息和处理信息的能力，对信息资源进行分析、归纳、总结和整理。这样有利于学习者开阔视野、扩展知识，更好地规划自己的人生。

七、情感策略

（一）情感策略的内容

情感态度是指对学习者的学习过程和学习效果产生影响的相关因素，主要包括动机、兴趣、意志、自信、合作精神，以及在学习过程中形成的爱国意识和国际视野。情感策略的内容如下所述。

① 保持对外语的学习兴趣，积极参与有助于提高外语能力的活动。

② 确立正确的学习动机，明确外语学习的主要目的是沟通与表达。

③ 要有较强的自信心，敢于使用外语进行表达与交流。

④ 愿意主动向他人求教，能够积极克服学习中所遇到的困难。

⑤ 在外语交流中能够理解和尊重他人的感情。

⑥ 在学习过程中要积极与他人分享各种学习资源，具有较强的合作精神。

⑦ 能够简单地用外语介绍自己祖国的文化。

⑧ 具有较高的国际精神，能够了解并尊重异国文化。

⑨ 学习者要对外语学习的意义有一个全面、正确的认识。

⑩ 学习者必须具有稳定、持久的学习动机。

⑪ 学习者必须具有学好外语的毅力和克服一切困难的意志。

⑫ 学习者要能够用外语恰当地表达自己的态度、情感和价值观。

⑬ 学习者要在外语交流的过程中理解隐含在语言当中的态度、情感和价值观。

⑭ 学习者要具有强烈的祖国意识和国际视野。

（二）情感策略的培养

教师在语言教学过程中，要想培育学习者积极的情感，可借助以下几个有效的途径。

1. 引导学习者在阅读中挖掘情感

在语言教学中，阅读是一个十分重要的环节。语言教学运用阅读这一教学方式时，可以是以读代讲，也可以是读中理解、读中感悟，这有利于对文本中的情感因素进行挖掘，从而使学习者受到一定的情感熏陶。因此，教师在语言教学过程中，一定要注意让学习者充分地阅读，使其真正进入到文本之中，与作者产生情感共鸣，继而受到情感的熏陶。为了使学习者在阅读中能更好地受到情感熏陶，教师要注意引导学习者从不同的角度来感知文本，从而得到多方面的情感熏陶。

2. 通过巧设问题来引导学习者加深领悟

在教材中，通常蕴含着丰富的思想道德因素。教师要利用这些思想道德因素来陶冶学习者的情操，其中一个重要的途径就是在教学过程中巧设问题，引导学习者加深领悟。此外，教师在设计问题时，要注意恰到好处，能激发学习者浓厚的兴趣，激活学习者的思维，撞击学习者的心灵。只有这样，学习者才能更加积极地进行思考，最终在恍然大悟中获得丰富的道德情感。

3. 通过语言激励来培养学习者的情感

在语言教学中，要对文本丰富的情感内涵进行充分挖掘，继而促进学习者情感和良好品质的发展，不能忽视教师语言的作用。语言是师生进行交流时最主要的工具，如果教师的语言有声有色、抑扬顿挫、充满感情，就能很容易地感染学习者，继而帮助学习者更加准确地把握文本的感情基调，感悟文本的精髓，最终受到情感熏陶。

八、补偿策略

（一）补偿策略的类型

补偿策略包括以下两种类型。

1. 在听、读中运用线索来猜想

猜想策略，是指学习者在不完全认识单词的情况下使用多种线索对词义进行猜测。欠熟练的语言学习者在遇到不知道的表达时往往会惊慌失措，而良好的语言学习者则会做出有根据的猜测。

2. 克服说、写的困难

在口语或非正式书面语的形式中，可以使用其他补偿策略，如调整或估计信息、使用同义词或迂回法，或者重新选择话题。

（二）补偿策略的培养

对学习者补偿策略的培养应该基于以下几个方面。

1. 立足情景语境

情景语境，又称上下文，是语篇的内部信息网络，也包括话语发生的实际场所。情景是学习者猜测词义最重要的依据。在情景语境中，学习者可以利用关键词、近义词、反义词、同义词、下义词、语气、语调、解释、语法结构，甚至是非语言行为对词义进行推测和猜测。学习者还可以通过语域、话题、交际场所、发话人与听话人的身份等对词义进行猜测。

2. 丰富文化知识

不同的文化具有不同的文化根基，文化不同，语言使用者的思维和表达也不同。没有足够的目的语文化知识，在交际中往往会出现理解上的困难，有时甚至会造成误解。学习者要丰富自己的知识，了解目的语的思维习惯和文化渊源，在交际中进行有效的补偿。了解文化差异、丰富文化知识是实行补偿策略的先决条件。

补偿策略的学习可以有效弥补学习者在语言甚至文化方面的缺陷，帮助学习者更有效地进行语言学习。

九、社会策略

（一）社会策略的内涵

社会策略是指向他人学习和与他人学习的策略，在此过程中，学习者可以通过合作学习的活动形式与他人进行互动以促进学习，还可以通过澄清、询问或使用某种情感来协助一项学习任务。

社会策略包括三个方面的内容，即询问别人、与别人合作、移情。

询问问题是社交互动中最基本的策略，也是学习者可以从中受益匪浅的行为。通过询问问题的方式，学习者可以更好地接近语言中所隐含的意思，促进对语言的理解。询问问题还有助于鼓励学习者与同伴进行对话，刺激学习者的投入与兴趣，同时也是对学习者表达技能的间接反馈。

与更熟练的目的语使用者或同伴进行合作对语言学习也是十分有必要的。

移情是指站在别人的角度为别人着想以便能够更好地理解别人观点的一种能力，换句话说，就是通过换位思考的方式去体验他人的情感。在任何语言中，移情对交际成功的促进作用都是非常重要的。

（二）社会策略的培养

根据社会策略的内涵，对学习者社会策略的培养应该从以下几个方面着手。

1. 提高文化意识

在语言学习过程中，学习者常常会因为不同文化的巨大差异而遇到语言障碍。不同民族有其自身独特的语言，这些语言都是民族文化特色的重要组成内容。在语言学习过程中，教师要引导学生正确认识语言与文化之间的关系，并正视不同文化之间存在的客观差异，从观念上进行思维转换，帮助学生形成更加完善的认知。只有这样，学生才能消除语言学习中因文化差异而引起的不必要的误读，加深对语言学习的理解与掌握。在具体的教学过程中，教师要从不同层面出发，如词汇、句法、语用、思维等，对中外文化进行科学对比，提高学生跨文化交际意识和能力。

2. 创造使用社会策略的良好氛围

为了提高学生运用社会策略的效率，教师要注意激发学生的交际动机。教师应该鼓励学生参与一些跨文化交际活动，让他们对不同文化的差异性有亲身的感受，通过与不同文化背景下的人们进行交流，习得应变能力，并运用所学的知识对跨文化交际中遇到的交际问题进行有效解决。在不具备目的语环境的情况下，学生能够运用到的最有力资源就是外籍教师，现在很多高校都有外籍教师，他们就是活教材。学生多和他们进行交流，观察他们在说话时所运用的交际手段与行为，这样能够不断提升自身的跨文化非语言交际能力。

3. 组织语言交际活动

课堂时间毕竟有限，学生难以得到充分的交际训练，因此不能仅仅依靠课堂教学培养学生的跨文化交际意识与能力。对教师来说，应有效利用课外时间，努力创设第二课堂，组织各种课外活动，营造一个自然的语言学习环境。教师可以结合具体教学情况，组织与跨文化交际主题相关的语言交际活动，如学习沙龙、辩论赛、演讲比赛、话剧表演等活动。这一方面可以激发学生对语言学习的兴趣，另一方面学生通过参与这些活动，可以得到训练，提高跨文化交际能力。此外，教师可以鼓励学生阅读优秀的目的语本土文学作品，或欣赏反映中外文化差异的优秀影视作品，在阅读和欣赏中学习文化知识，提升文化素养。

第四章

影响语言学习策略运用的因素

对于影响语言学习策略运用的因素进行分析，一些学者认为有内在因素，也有外在因素；有主观因素，也有客观因素；有智力因素，也有非智力因素。但无论是哪一种划分，都表明智力水平、学习动机、情感态度、教师、环境等因素会对学习者的语言学习策略运用产生影响。作者认为可以将这些因素划分为主观因素与客观因素。本章就对这些因素进行详细的分析和探讨。

第一节　主观因素

一、智力水平

语言学习者的智力结构是一个整体，在智力发展中所涉及的问题与这个结构及其各成分之间的关系密切相关。语言学习者智力的表层结构和里层结构有两个含义。

第一，语言学习者的每一种智力活动或者认知活动都有表层结构和里层结构之分。具体而言，语言学习者对各种风格和寓意的理解，对表象的显现水平及对整体与局部、外部与内部的把握，都要结合对这些对象的认识方式及其中的思维，将自我与当下环境结合起来形成一种整合性的、连续性的整体。

第二，语言学习者智力活动中的非智力因素（或非认知因素）在智力活动中应看作一种里层的结构。在语言学习中，学习者对语言学习的态度、兴趣、动机、学习的意志以及学习者自身的个性、情感等都属于非智力因素，并且它们对智力活动起到一定促进或阻碍作用。

二、学习动机

动机研究最初始于教育心理学，是指学习者为了满足某个学习愿望所做出的努力。国际二语习得和外语教学界从 20 世纪 70 年代开始逐步深入研究动机对于外语学习的影响，而我国外语学界则是从 20 世纪 80 年代开始引入动机这一概念，但真正的实证研究则是从 20 世纪 90 年代才逐步展开的。通常认为，学习者的动机程度和其学业水平是高度相关的；后来，甚至有研究在这两者之间建立了因果关系模型。

动机有不同的分类方法，一般认为，动机可以分为两类，即工具型动机和融入型动机。前者指学习者的功能性目标，如通过某项考试或找工作；后者指学习者有与目的语文化群体结合的愿望。除了以上两类外，还有结果型动机（即源于成功学习的动机）、任务型动机（即学习者执行不同任务时体会到的兴趣）、控他欲动机（即学习语言的愿望源自对付和控制目的语的本族语者）。对于中国学习者而言，证书动机是中国各高校学习者的主要动机。

学习者的学习动机是可塑的；激发学习者内在动机是搞好外语教学的重要环节；个人学习动机是社会文化因素的结果。这个发现对于中国各个层次的语言学习者都是适用的，也可以解释国内近些年来的语言"考证热"。值得一提的是，无论是工具型动机，还是融入型动机，都会对外语学习产生重要的影响，所以动机类型并不那么重要，重要的是学习者动机的水平。

此外，也有学者将动机分为内在动机和外在动机。内在动机是指学习者发自内心对于语言学习的热爱，为了学习外语而学习外语；而外在动机则是由于受到外在事物的影响，学习者受到诸如奖励、升学、就业等因素的驱动而付出努力。这一分类与前一分类有相似之处，但是不可以将两者等同，因为它们是从不同方面考察动机这一抽象概念的。

在对待动机这一问题时应该注意：动机种类多样，构成一个连续体，单一的分类显得过于简化；另外，动机呈现出显著的动态特征，学习者的动机类型可能随着环境与语言水平的变化而发生变化。例如，一个学习者最初表现出强烈的工具型动机，认为学好语言是考上大学、找到好工作的前提；但是随着其语言水平的不断提升，他开始逐渐接受语言及其附带的文化，想要去国外读书甚至是移民不同的国家，这时他的动机类型就变为融入型动机了。

近年来国内对于动机的研究表明，中国语言学习者的动机类型以工具型动机为主，且动机与学习策略、观念之间的关系较为稳定。另外，学习成绩与动机水平之间呈现出高度相关。这些研究发现对于外语教学具有启示作用：外语教学中应该重视学习者的动机培养，培养方式可以多种多样，譬如开展多样的语言活动、提高课堂的趣味性、鼓励学习者课外阅读等。

三、情感态度

（一）情感的定义

众所周知，人类既具备认知能力，也具备情感能力。学习者在外语学习过程中会受到诸多情感因素的影响，这是不言自明的。但是长久以来，语言学习的认知方面颇受重视，而学习情感则频频受到误解。例如，早期对于学习者焦虑的研究，主要聚焦于教师的教学对于学习者的影响，把教师职业素养的缺失当成是学习者焦虑的来源。后来，对于情感的考虑又变成了动机和思想品德的混合物，如我国的课程标准明确把情感态度定义为动机、祖国意识和国际视野等。

（二）情感的划分

按情感的内容进行分类，可以将情感分为道德感、理智感两种形式。这些情感对于学习者的发展而言具有十分重要的意义。

1. 道德感

道德感是由自己或别人的举止行为是否符合社会道德标准而引起的情感。人并不是生下来就具有道德感的，道德感的形成过程相对来说比较复杂。通常而言，3 岁之前人的道德感还比较模糊，处于萌芽发展时期，而在 3 岁以后，人的道德感才逐渐形成并发展。

学习者随着年龄的不断增长以及社会交往的不断发展，在各方面教育的影响下，逐渐掌握了一定的社会规范和准则，这也是人的世界观、价值观、人生观等形成的必经过程。当学习者因为别人的行为、言论等符合自己所理解或掌握的社会标准时，就会产生高兴、满足的情绪体验；而当别人的行为、言论等不符合自己的行为规范和标准时，就会产生一定的羞耻、愤怒等情绪体验。这种情绪就是道德感。

通常来说，婴幼儿在发展的初期并没有明显的道德感，随着年龄的增长，发展到中期则掌握了一定的道德标准，学习者在因为遵守了一定的道德标准后会产生一定的快感。有些时候，学习者不但关心自己的道德标准，甚至还会关心别人的行为是否符合道德标准，与之相应的是，还会产生一定的情绪，或是积极的，或是消极的。之后，学习者的道德感进一步发展，在对待不同的人和事时会产生完全不同的情绪。这一时期，学习者的情绪具有一定的稳定性，其认知水平也大大提升。

随着学习者年龄的不断增长以及心理的不断发展，情感变得也日益丰富，如出现了一定的自豪感、委屈感、友谊感和同情感等情感。

2. 理智感

理智感是人们在认识客观事物的过程中所产生的一种情感体验。这一情感体验与人们的求知欲、认识兴趣等有着密切相关的关系，它是人类社会所特有的高级情感。

学习者从出生以来就有一种好奇作为内驱力和探究力，使他们勇于向周围世界探索，看到人就会用眼睛加以辨别，喜欢拿东西东敲西敲、发出声音等，学习者对整个世界都充满了好奇。

随着学习者年龄的不断增长，他们的认知水平也不断提升，身体活动能力也大大增强。在他们通过自己的努力而成功完成某项任务后就会显得兴高采烈，能感受到强烈的快乐的情绪体验。例如，儿童在成人的指导下用积木搭出一个小房子时，就会高兴地拍起手来，以表达自己的兴奋之情；随着儿童年龄的不断增长，他们通常会痴迷一些具有创造性的活动，这些活动能给儿童带来积极的情感，这种情感又能促使他们更进一步探索，在探索事物的过程中不断提升自己的认知水平。

对于学习者而言，他们总是对整个世界充满了好奇，好问是其理智感的主要表现形式。学习者在语言学习中遇到自己没有见过的情况时，特别喜欢问"这是什么"或者"为什么"，这表现出学习者强烈的求知欲。

学习者通常会被好奇心所驱使，对语言学习中的一切事物都充满了浓厚的兴趣，但是受认知水平所限，他们常常轻信教师以及成人的回答。而随着年龄的增长以及知识面的不断扩大，他们的理智感也会出现一定的变化，他们的独立思维能力会越来越强。

（三）语言学习中的情感态度

将情感培养作为外语教学的目标之一，不仅有教育学、人文主义心理学的理论基础，而且也是培养综合素质人才的客观需要。一方面，学习要靠人来完成，解决不好人的情感问题，语言学习是不可能取得成功的。另一方面，教育的作用不仅仅局限于能力的训练和技能的学习，培养积极、健康的情感涉及人的全面发展，在某种意义上似乎比知识的传授更重要。所以，斯特恩指出外语学习中情感的重要性不低于认知学习。

那么究竟什么是外语学习和教学中的情感呢？情感具有普遍性，易于感觉而难以定义。在日常生活中，人们也会经常谈及个人情感，所以广义的情感是指制约行为的感情、感觉、心情、态度等。但是具体到外语学习和教学中，所谈及的情感主要有动机、焦虑、抑制、自尊以及外向还是内向等。

情感态度在外语学习中发挥着重要的作用，它是外语学习的动力源泉。情感态度也会随着外语水平的提升而不断得到增强。从认知心理学的角度来说，情感之所以作用于外语学习，主要是因为其与人类的记忆有着千丝万缕的联系。

由于情感态度在外语学习中发挥着重要作用，所以外语教学中理所当然要强调学习情感。因此，我国的语言课程标准在各个级别中都设定了语言学习中的情感目标，这体现了对学习情感的重视，从历史的角度来看，这是一个巨大的进步。

虽然学习情感非常重要，但是在实际的教学过程中不能误解甚至曲解情感的性质与作用，需要用科学、客观的态度来审视外语学习中的情感态度问题。

第一，外语教学所关心的情感态度与日常生活中谈及的道德迥异，所以不宜夸大外语教学对于学习者的道德培养作用。学习者的道德情操是在日常生活的点点滴滴中积累起来的，而不是外语教学的直接结果。当然外语教师可以以身作则，以自己的实际言行影响学习者，但这并不意味着外语教学本身的效用。换句话说，外语教学中的情感态度只是作用于学习者的语言学习，外语教学本身无力去发展学习者的道德情操。

第二，情感是个整体，且与学习密不可分。这一特性便意味着不宜将情感态度分级，并以此来评估学习者。不能说低年级的学习者在情感态度上就弱于高年级的学习者，实际上往往相反。此外，情感态度是个动态且易变的概念，也正因为如此教学才有了空间，设定情感目标也有理论基础。本质上来说，真正重要的是情感态度发展的过程，而不是结果。学习者正是在这个过程中获取了语言能力发展的动力。所以，外语教学过程中，不宜静态地、刻板地看待学习者的情感态度。

(四) 语言学习中的焦虑

焦虑是影响语言学习的一个重要情感因素，它是指一种模糊的不安感，与失意、自我怀疑、忧虑、紧张等不良感觉有关。语言焦虑的表现多种多样，主要有：回避（装出粗心的样子、迟到、早退等）、肢体动作（玩弄文具、扭动身体等）、身体不适（如腿部抖动、声音发颤等）以及其他迹象（如回避社交、不敢正视他人等）。这些是学习者在学习过程中，尤其是在课堂环境中常见的焦虑现象。

学习者在语言课堂上担心自己能否被他人接受、能否跟上进度、能否完成学习任务，这种种担心便成了焦虑的来源。焦虑可以分为三类，即气质型、一次型和情景型。

1. 气质型焦虑

气质型焦虑是学习者性格的一部分，也更为持久。这类学习者不仅仅在语言课堂上存在焦虑，在日常生活中的很多场合都会表现出不安、紧张等情绪。

2. 一次型焦虑

一次型焦虑是一种即时性的焦虑表现，持续时间短，且影响较小，它是气质型和情景型焦虑结合的产物。

3. 情景型焦虑

语言学习中更为常见的是情景型焦虑，这是由于具体的事情或场合引发的焦虑心理。比如，考试、课堂发言、公开演讲等。

焦虑是一种正常的心理现象，任何个体都存在一定程度的焦虑心理，外语学习者自然不会例外。产生焦虑的原因也多种多样，但是总结起来无非以下两点：第一，学习者的竞争心理与生俱来，一旦发现自己在与同伴的竞争中处于劣势，便容易产生焦虑不安的心理。第二，焦虑心理也与受到文化冲击有关。外语课堂上传授的文化知识对于母语文化本身便是一种冲击，学习者也会因为担心失去自我、失去个性而产生焦虑。总体而言，焦虑会表现为用外语交流时不够流畅、不愿用外语交流、沉默、害怕考试等。

长久以来，焦虑一直被视为外语学习的一个障碍，这是一种误解，是对焦虑作用的误读。焦虑最初是运动心理学的重要研究内容，研究将运动员按照焦虑水平分为三类，即低气质型焦虑、中气质型焦虑和高气质型焦虑，然后比较三类运动员的运动成绩，结果发现中等气质型焦虑的运动员成绩最好。可见，焦虑也是有积极的、促进的作用的。后来焦虑成为教育心理学的研究对象，发现了与之相同的规律。焦虑就其作用而言也可分成两大类：促进型和妨碍型。前者激发学习者克服困难，挑战新的学习任务，努力克服焦虑感；而后者会导致学习者用逃避学习任务的方式来回避焦虑的根源。

这些划分方式有一定的道理，也获得了部分实证研究的证实，但实际上焦虑并不是非此即彼的，焦虑之所以会产生不同的作用主要是因为焦虑程度的不同。过高的焦虑会耗费学习者本来可以用于记忆和思考的精力，从而造成课堂表现差、学习成绩欠佳；而适当的焦虑感会促发学习者集中自己的注意力资源，汇聚自己的精力，从而构成学习的强大动力。但是焦虑水平的测量现在还是个难题，虽然已有一些研究工具，比如外语课堂焦虑量表（Foreign Language Classroom Anxiety Scale，FLCAS），可是最新的研究表明该量表实际测量的是学习者的语言技能和学习技能自我效能的个体差异，而并不是外语学习的焦虑水平。因此，在外语教学中，对于学习者的焦虑要区别对待。焦虑水平过高的学习者需要疏导，晓之以理，并通过日常细微的成绩变化来逐步缓解其紧张的心理状态，化压力为动力；同时，也要让学习者知道适度焦虑的益处，外语学习中需要有一定的紧迫感，一定水平的焦虑会有助于外语水平的提高。

学习情感是外语学习的重要组成部分，学习情感与内容学习互为补充，相得益彰。所以，完整的外语学习和教学理论应该既重视学习者的认知发展，也关注学习者的情感发展，情感发展是认知发展的基础和动力，是长久发展的动力源泉。

（五）语言学习中的情绪

1. 情绪的定义

情绪是指个体对客观事物或情境是否符合人的需要而产生的主观体验。情绪这一概念以人的需要为中介，主要表现为两个方面的发展：一是当某个事物能满足人的需求时，人们就会产生愉悦的心理体验；二是当客观事物不能满足人的需要时，人们就会产生消极或不愉快的心理体验。这就是积极情绪和消极情绪的两种表现。例如，当一个人渴望得到某个玩具，且在无意中听到家长要买来它给自己做生日礼物时，就会感到兴奋；很想要赶快下课去吃饭的时候，听到下课铃声会觉得兴奋、高兴；在考试还没有完成答卷时，听到铃声就会产生紧张、焦躁的情绪。前两例是积极情绪的反映，后一例则是消极情绪的反映。

通常情况下，情绪主要由认知层面的主观体验，生理层面的生理唤醒，以及表达层面的外部表情与行为等三个层面组成。例如，当某人出现紧张不安的情绪时，个体在认知层面会表现出焦虑、担心等心理行为，在生理层面则会出现诸如心跳加快、呼吸量增大、肾上腺素分泌增加等现象，在外部表情与行为表达层面则体现为皱眉、脸色发白等现象。

总之，情绪对于一个人的发展至关重要。它是影响人们身心健康的重要心理因素之一。为促进个体的健康发展，人们必须要尽可能地建立积极的情绪，杜绝不良情绪。积极的情绪体验能帮助人们以饱满的热情投入到学习和工作之中，从而促进身心健康发展。反之，消极的情绪则会影响人们正常的学习、工作和生活，不利于身心健康的发展。随着健康中国建设的进行，人们对健康的认识不断深入，认识到了积极情绪对健康的作用，都渴望通过各种手段来获得积极的情绪，从而促进身心健康发展。

2. 情绪的作用

（1）情绪的动机作用

情绪的动机作用是指情绪是学习者认知活动和行为的唤起者和组织者，即情绪对学习者的心理活动和行为具有明显的动机作用。情绪这一作用在学习者身上表现得尤为明显，在情绪的动机与激发作用下，学习者会做出或拒绝某种行为。不同的情绪下会出现不同的行为或结果。在愉快的情绪状态下，学习者通常乐于学习和参加各种活动；而在消极情绪状态下，学习者则出现不愿意学习、不乐意参加活动的情况，这就是情绪作用的突出体现。

例如，儿童在上学时，家长都会教给儿童向老师说"早上好"，放学时跟老师说"再见"。但据观察，儿童说"再见"的情况非常普遍，而说"早上好"则需要一段时间。究其原因，是因为儿童早上不愿意与父母分开到学校上学，这时情绪低落，不愿意去表达；而下午离开学校时则会很开心，情绪高涨，愿意做出情绪的表达。虽然学习的内容相似并没有什么差别，但在不同情绪的影响下，学习效果是截然不同的，由此可见情绪的重要性。

因此，作为教师，平时在语言教学的过程中要十分注意学习者积极情绪的培养，要善于采取各种手段和措施激发学习者积极的情绪，提高他们学习的积极主动性，杜绝不良情绪和消极行为。这样对于学习者的身心健康发展是十分有利的。

（2）情绪的认知发展作用

大量的实践表明，情绪和认知之间有着非常密切的联系。一方面，情绪随着学习者认知的发展而不断分化和发展；另一方面，情绪对学习者的认知起到激发或抑制的作用。总体来看，情绪的认知发展作用主要体现在以下五个方面。

① 情绪促成知觉选择。人的知觉具有重要的选择性特征，而情绪的偏好则在一定程度上影响人们的知觉选择。

② 情绪影响注意过程。一般情况下，情绪对注意的影响主要表现在两个方面：一方面，学习者如果对某一方面知识感兴趣，就会把注意力完全放在这方面知识上，对于其他知识则会忽视、漠不关心；另一方面，学习者在积极的情绪状态下，会对某一方面知识保持长时间的注意力，消极情绪状态下则难以保持长时间的注意力。

③ 情绪影响记忆效果。情绪还会在一定程度上影响学习者的记忆。一般情况下，学习者对于自己喜欢、感兴趣的知识能很容易记住；而对于自己不喜欢的知识，记忆起来则十分困难。这充分说明，学习者的情绪对于记忆有着显著的作用。作为一名教师，在教学中一定要善于激发学习者积极的情绪，这样才能提高学习者的记忆水平。

④ 情绪影响智力发展。情绪对人的智力发展也具有十分重要的影响。有

调查研究发现，学习者快乐、痛苦、愤怒等不同的情绪状态对智力的发展有着一定的影响。具体表现为，学习者在积极的情绪状态下表现出良好的智力水平；而在消极的情绪状态下，学习者的智力水平明显低于积极情绪状态下的水平。因此，在平时的语言教学中，教师一定要善于激发学习者的积极情绪，这会对学习者的智力发展产生积极的影响。

⑤ 情绪影响语言发展。大量的实践表明，情绪对学习者的语言发展也会产生重要的影响。这突出表现在两个方面：一方面是学习者最初的话语大多是表示情感和愿望的，这时的语言既具有情感功能，又具有指物功能。另一方面，随着学习者年龄的增长和认知水平的提升，学习者的语言表达能力会随之增强，而情绪在其中则起到重要的促进作用。

四、学习需要

每一名学习者都会有自身的学习需要，而且在不同的课程中，其学习需要也是不同的。教师在进行语言教学设计时，需要注意和发现学习者的实际学习需要。当前，很多人将教学设计看成问题解决的过程。因此，深入实际进行了解与调研，确定学习者的学习需要，越来越受到人们的关注。

对学习者的学习需要的分析是一个系统化的调研过程，这一过程的目的是将学习者的学习需要揭示出来，发现其中的问题，通过对问题产生的原因进行分析，确定问题的性质，并解析出教学设计是否解决了这一问题，找寻最合适的解决途径。

随着教学设计的不断发展，人们从最初的仅仅关注"如何教"，即教学策略的选择与运用，到后来关注"教什么"，即教学目标、教学内容的确定与安排，现在又开始顾及"为什么教"，即学习需要的分析。学习需要分析可以使教学设计有的放矢。学习需求分析是教学设计过程中的一大重要因素，和其他因素（如教学策略、内容分析）有着密切的关系，它们共同完成教学设计的使命。同时，学习需求分析也是整个系统过程的一部分，因此其具有特殊的作用，在不断发展的教学设计中起着越来越重要的作用。

一般来说，学习需求分析主要展开三方面的工作。①通过深入调查研究，分析教学中需要解决的问题。②通过对问题产生的原因进行分析，找寻具体的途径。③对现有的资源条件与制约因素进行分析，确定教学设计的方案，以保证对问题解决的可行性。

学习需要分析的结果是提供当前教学与学习者需要之间差距的有效资料和数据，从而帮助形成教学设计项目的总教学目标。

五、认知能力

认知能力是指人脑接收、存储、加工、提取信息的能力，具体地说，认知能力是指人们对事物的构成、与其他事物的联系、发展的方向和动力及对事物的基本规律的把握能力。记忆、观察、思维、直觉、想象、注意都属于认知能力的范畴。下面主要从记忆、想象与注意三个层面来分析。

（一）语言学习中的记忆能力

记忆就是生活中认识过的事物或做过的事情在人的头脑中遗留的印迹。人们在生活中常常接触这样或那样的事物，这些事物刺激人们的感觉器官，产生了相关的感觉、知觉，同时引发人们的语言、思想、情感和行动。这些活动在人脑中留下一定印迹，并且在一定的条件影响下会再现出来，它们作为过去的经验参与以后的心理活动，这就是记忆。

记忆在人的工作、学习和社会活动中都有着十分重要的意义。对于学习者来说，记忆是巩固学习的重要心理因素。学习的知识如果没有及时巩固，便无法继续开展和进行。有了记忆，人们才能在实践中不断地积累经验，使先后的实践经验联系起来，让心理活动成为一个发展的统一的过程。

记忆包括识记和保持两个方面。识记是获得和巩固知识经验的过程，而保持是对识记的进一步巩固。记忆有两种表现形式，即再认和回忆。当以往经历过的事物再度在人们面前出现，并能认出来，这便是再认。回忆也称为重现，即过去经历过的事或物不在眼前，却能在脑海中重新呈现出来。所以记忆的过程是：识记—保持—再认—回忆。

一个人记忆的好坏不完全是天生的，良好的记忆能在后天的学习和训练中获得。记忆的过程是识记—保持—再认—回忆的过程。在这一过程中，识记是开始，是保持的前提。因此，在教学中，特别在记忆要求较高的小学外语学习中，首先要帮助学习者培养良好的识记习惯。识记是一种有意的反复感知或印迹保持的过程，通过识记可以形成比较牢固的记忆，称为有意识记，但也有无意识记的成分。为此，教师应该充分利用学习者的无意识记，以此提高他们有意识记的能力。无意识记有很大的选择性，生活中具有重要意义的事情，尤其是那些符合自己兴趣、爱好、需要的事情，以及能激起学习者情绪的事情，会给学习者留下深刻的印象，容易记住。

在语言学习的起始阶段，学习者记忆的好坏在很大程度上决定着他们以后外语学习的好坏。因此，语言教学应充分利用学习者的记忆特点，适当地把学习内容融合在学习者的活动中。例如，用教唱英语歌曲、英语儿歌等方法来帮助练习语音、语调。当然，在语言教学中，教师如果仅靠无意记忆向学习者传授知识，学习者往往会忽视必要的记忆内容，因此培养学习者的有意记忆也是十分重要的。为此，在语言教学课上教师应提出明确的教学目标、教学要求，让学习者明白要记住哪些单词和句型。如果要求不明确，学习者的学习随意性大，那么学习者的学习成绩必然会下降。所以，教师培养学习者有意记忆的能力是学习者获得系统知识的必经之路。为了使有意记忆在学习中起支配作用，教师应该帮助学习者加深对所学内容的理解，以增强学习者的记忆效果。生活中人们对理解的东西往往不易忘记，外语教学也是如此，若要学习者记得牢，就一定要让他们理解。因此，在教学中，教师要训练学习者抓住事物特征、找出规律性的能力，这样有利于有意记忆。例如，教单词 go 时，按英语发音特点，可用 no 来引出；教 duck 时，可用 bus 来引出。在教授新句型时，可用旧句型引出新句型。这样教授学习者容易理解，感到有规律可遵循，并能起到温故而知新的效果。但要注意，用相同读音来引出新词的方法亦不是绝对的，不宜机械地套用。

（二）语言学习中的想象能力

人们在生活实践中，不仅感知当时作用于自己感官的事物，而且还能同忆起过去经历过的事物。此外，人们还可以在已有的知识或经验的基础上，在头脑中呈现从未经历过事物的新形象。这种在头脑中创造新事物的形象，或者根据口头语言或文字的描述形成相应事物的形象的认识活动叫想象。想象是一种特殊形式的思维活动，它和感觉、知觉、记忆、思维一样，都是在人们的生活实践中或在劳动过程中发生和发展起来的。

想象和形象有密切的关系，根据形象有无独创性，想象可分为再造想象和创造想象。根据语言的表述或图样、图解、符号记录等非语言的描绘，在头脑中形成有关事物的形象的想象，称为再造想象。正确进行再造想象的重要条件是给学习者的知识要充分，语言的表达要准确清楚，对所表述内容的理解要正确细致，直观材料的运用要恰当。创造想象则与再造想象不同，创造想象不依赖现成的描述而是独立地创造出新形象。

学习者的想象力特别丰富，低年级学习者的想象以再造想象为主，而高年级学习者的想象则开始具有创造想象的特征。例如，在英语教学中，采用看图说话的方法对学习者想象能力的培养是十分有益的，而且能提高学习者英语口头表达能力。又如，利用图片激发学习者的想象力，复习英语词汇、句型，开展口头和笔头的语言操练活动，这对促进学习者的思维，提高英语表达能力均十分有效。诸如此类的引导可发展学习者的想象能力。一旦这个能力在教学过程中得到恰当的培养，对今后语言能力的提高是不可估量的。

（三）语言学习中的注意能力

1. 注意的概念

注意，是人们在进行实践活动时的心理活动或意识对某一对象的指向与集中。通过注意的概念可知，指向性和集中性是注意的两个基本特点。

所谓的指向性，是人在清醒状态时，每一瞬间的心理活动只指向特定的对象，而对于其他的对象则是脱离的。简单说就是，人对周边的事物并不是全部掌握它们的信息，其所能考虑到的事情只是他们此时想要关注的那些被选择后的事物。

所谓的集中性，则是心理活动对某一对象的专注。简单说就是，在一个人心理活动指向某一特定对象的同时，还会将全部精力投入其中。此时周边发生的其他事情都可能会被忽略掉，并不会对其注意构成绝对的影响。

2. 注意的分类

人的注意中有一些是自觉的有目的性的，而有些则没有。那么，以此作为依据就可以将注意分为无意和有意两种。

（1）无意注意

无意注意就是暗中没有预定目的且不需要意志努力的注意。无意注意是个体自然地对某个对象产生的注意，也就是人们常说的"不经意"间的注意。例如，当学习者都在上课的时候，一个人忽然走进教室，此时几乎所有人都会去看这个人，即注意到他。这就是一种无意的注意。无意注意总是被动的、不自觉的，是人们对稳定的环境忽然产生变化的一种应答反应。

具体来说，引起无意注意的原因有两个。一个是刺激物的物理特性，另一个则是人们本身的状态，也就是人们的主观条件。

（2）有意注意

有意注意是指有预定目的的且有时还需要意志努力予以维持的注意。有意注意就是人们口中的刻意注意，这种注意有明确的目的性，甚至还需要凭借意志努力地维持。

对于有意注意的完成来说，引起和保持需要满足下面四个条件。

① 活动的目的和任务要明确。鉴于有意注意是一种主动的，有预定目的的注意，因此设立一个明确的活动目的和任务是相当重要的。只有当人们对目的和任务理解越清晰越深刻，才能形成更大的完成任务的愿望，由此才能给予那些与完成任务紧密相关的事物更多的注意。

② 重视培养间接兴趣。两类兴趣可以引人注意，一类是由活动过程本身

引起的兴趣，称为直接兴趣，另一类则是对活动的目的和结果产生的兴趣，叫间接兴趣。对于人的无意注意来说，起到更多作用的还是直接兴趣。但对于有意注意来说，间接兴趣的作用更大。这表现为即便有时活动的过程并不吸引人，但结果是好的，如此也会引起人的强烈兴趣。事实上，间接兴趣越稳定，有意注意保持的时间也就越持久。由此可见，培养间接兴趣对引起和保持有意注意来说意义很大。

③ 排除无关因素的干扰。当人们在进行预期中的各项活动时总是难免受到各种因素的干扰，干扰会在不同程度上削弱有意注意的维持时间。那么在此时，为了让有意注意保持在良好的状态下，就需要足够的意志来"抗干扰"。这些干扰可能来自外部或内部，外部因素可能是某些突发事件，内部因素则可能来自于疾病或心理层面的情绪。但无论干扰因素为何，锻炼坚强的意志仍旧是培养有意注意的最佳方式。

④ 活动组织要合理。活动如果能够组织得合理有序，就更方便人们集中注意力。例如，对人们要解决的问题提出明确的要求，或是将理论与实践相联系等，这些都可以引起和保持有意注意。例如，数拍子时用脚点地打拍，或是计算时点数桌上的小木棒。这些方法对于维持学习者的有意注意来说效果颇佳。

在了解了无意注意和有意注意之后，总结来看，在实际的运用当中单纯依靠某一种注意的形式都是存在不足的。比如，如果只是依靠无意注意来开展活动，看起来好似是轻松的，但会更加杂乱无章，而且非常害怕遇到干扰；如果只是依靠有意注意，时间一长人们的精神就会疲劳，直到无法支撑有意注意，这点对注意力本就不足的学习者来说更是如此。为此，在实际的语言教学中，为了提高学习者的注意效果，应尽量交替使用两种注意形式，即在使用某一种注意后适时改变到另一种注意形式上。就是说要充分利用新颖、多变、刺激性强烈等特点来引起学习者的无意注意，并且也要通过培养间接兴趣来引起学习者的有意注意。通过这样的方法，便可以使学习者既能保持对所接触的事物的兴趣，又能最大限度地缓解因有意注意导致的疲劳感。

在认识到无意注意和有意注意两者之间的区别后，就要求教师在针对学习者开展的教学活动中要合理设计课程，并且需要在语言教学方式上有所改变，如正确地运用语音、语调、语气、表情、姿态、动作等，再结合必要的教具、演示和表演，以及掌握好课程每个环节的时间长度等。这些设计都是为了吸引学习者的无意和有意注意，从而使教学的效果更为理想。

3. 注意与学习者的发展

（1）注意与学习者感知的发展

首先，学习者的注意是其与环境中其他信息建立联系的纽带，在注意的基础之上才能进一步利用感知从环境中获取信息，由此对环境有更多的了解。这也直接说明了学习者获取环境信息的情况与注意的指向和特点有关。

其次，注意是感知的先决条件，从而也间接证明了注意对认识能力提升的重要性。一切认识活动如果没有意识的指向与集中就难以记忆，会使看到的事情一晃而过，听到的事情"从左耳进从右耳出"。

最后，注意是研究学习者感知发展的重要指标。在学习者语言学习的早期阶段，他们的语言表达能力有限，为此，要想了解学习者的心理反应就可以通过观察他们的注意表现来获取信息。

（2）注意与学习者智力的发展

注意水平与智力的发展有着紧密的关系。注意是学习者感知存在，进行思维和想象的开端。具体来说，注意能使学习者感知到的信息进入长时记忆系统，注意能力越强，记忆就越深刻，深刻的记忆又标志着智力的水平。由此可以认定，注意能力的强弱直接影响着包括学习、工作等多种智力活动的成果。

注意还是学习者观察能力提升和行动持久力提升的基础。注意力差的学习者在进行某项活动时总是容易被其他事物所干扰，然而一旦注意出现转移，则直接影响到对知识思维活动的广度和深度，进而影响思维水平的提高和实践能力的提高，这也是对自身智力发展的一种不利情况。

从学习者的学习效果角度上看，注意力更加集中的学习者语言学习效果普遍更好，各方面能力的提高也更快，这也会促进智力的发展。

4. 学习者注意发展的趋势

实际上，在学习者幼年时期，他们就已经存在注意现象了。随着成长，他们会积累更多的经验，而注意能力也随之发展。由此，就能总结出学习者注意发展的三点趋势。

（1）注意的形式从无意到有意

外界刺激物对学习者注意带来的生理反应，是无意注意。由于学习者大脑两半球皮层的兴奋和抑制的产生和转移比较迅速，并且初期他们的语言能力不足，因此更容易受到第一信号系统的影响，表现为格外容易被外界的新鲜刺激所吸引，这种情况几乎一直贯穿于学习者的早期学习阶段。然而随着成长、语言能力逐渐增强以及一些有意注意的培养，使得学习者萌发了有意注意。不过，由于有意注意是由脑的高级部位——额叶控制的，而大脑高级部位的发育又比其他脑部位迟缓得多。所以，在学习者学习的早期有意注意发展是非常缓慢的，但从无意注意到有意注意的方向性趋势是不会改变的。

（2）定向性注意的发生早于选择性注意

定向性注意的源头也是外来的新异刺激，这种行为不用通过学习便与生俱来，甚至很多人直到成年后还会如此，当然成年人这种反应不会有幼儿那样明显和夸张。

选择性注意却逐渐成为学习者注意发展的主要表现。所谓的注意选择性主要表现为学习者对注意对象选择的偏好上，这种选择的偏好主要为刺激物的物理特点转向刺激物对学习者的意义、选择性注意的对象范围逐渐扩大、刺激物从简单到复杂的转变等。

（3）学习者注意的发展与认识、情感和意志的发展相联系

有许多研究已经表明了学习者注意的发展关乎他们认知、情感和意志等水平的提升。这里需要再度明确的是，注意的发展本身就是认知发展的一部分，在认知层面中的其他方面的发展都可以认为是注意发展的结果，也是注意发展的原因。为了探索周边诸多陌生的事物，学习者或是无意注意某些外界刺激，或是在他人的引导下完成某项注意训练，然而不管怎样，学习者所能注意到的事物普遍带有更能影响他们情绪的色彩。就拿语言课堂的教师授课行为来说，如果教师的讲授语言风趣、语气抑扬顿挫、身体姿态丰富，自然更能获得学习者的注意，因为这些语言教学技巧调动了学习者的兴奋情绪。反观那些语言枯涩、语气平直的教学则难以获得学习者的注意。这种由学习者注意情绪决定的注意力分配方式会随着年龄的增长而逐渐减弱。意志具有引发行为的动机作用，但比一般动机更具有选择和坚持性，意志力的进步能够进一步保持学习者认知过程中的注意集中性。

第二节　客观因素

一、教师

在所有影响语言学习策略运用的客观因素中，教师是非常重要的因素。对于教师来说，语言教学的责任不仅在于讲授语言知识，也不仅在传授语言技能，还在于教会学习者语言学习的策略。教师的教学理念、教学方式等都会对学习者语言学习策略的运用产生影响。

就教学理念来说，不同的教师理念必然不同，因此，其会从自身的教学结

构出发展开语言教学。一般来说，现代的语言教学仍旧是以教师作为中心，这其实不利于学习者语言学习策略的形成与运用。在教学中，教师应该以学习者为中心。

就教学方式来说，教师为了能够调整好学习氛围，往往会采取一些教学管理活动，但是这些管理对于学习者学习策略的运用是非常不利的。在教学中，师生之间的活动应该有助于学习者学习策略的形成与发展。

当然，除了这些与教师相关的因素外，教师本身也是一个影响学习者学习策略运用的因素，包含教师在教学中扮演的角色、教师自身的素质等，这些因素都会对学习者语言学习策略的运用产生影响。具体来说，教师在教学中应该扮演如下角色。

（一）教师的角色

1. 传统角色

（1）知识的复制者

在传统的语言教学中，教师的工作就是将知识原封不动地传授给学习者。在教师的眼中，书本知识就是金科玉律，教参就是真理，因此教师往往将书本视作教授学习者的知识来源，并且根据书本来设计教案。对教师教学好坏进行评价主要看教师能否把书本知识传达到位、准确。显然，基于这样的观念，大多数教师从书本内容出发展开教学，教师很自然地就成了课本的复制者。

在传统的语言教学中，学校往往为教师配备了一整套教材、教参等，并且为教师设计了教材上要求的每一堂课的活动，甚至对教师说的话都进行了明确的规定。教师如同批量生产的工人一般，千篇一律地展开教学，将大纲内容复制给学习者。

但在新环境下，教学过程被看作师生互动的过程。就建构主义学派的观点来说，这一过程是师生对客观事物的意义加以构建的过程，并且是合作性的构建，并不是单纯地对客观知识加以传递。

在语言教学中，教材、教参等是重要的资源，师生需要对这些资源进行开发。尤其对教师来说，他们需要对这些资源加以分割与整合，之后通过与学习者的互动，将固有内容转化成丰富的、可供学习者理解与接受的知识。之所以将教材中静态的知识转换成动态的资源，将课堂上单一的知识转变成生动的课堂，最终目的都在于帮助学习者获得知识。就这一角度而言，学习者固然是知识的构建者与参与者，而教师更应该将自己置身于开放的环境中，成为资源的积极构建者。也就是说，教师的角色应该发生改变。

（2）知识的传授者

传统的语言教育观依然在教师的心中存在，很多教师的理念中仍旧存在"教书匠"的意识，他们侧重以书本作为经验与教学方式，采用灌输的手段进行教学。一些教师将学习者看作被动接受知识的容器，认为教材是学习者获取知识的对象，教师是将这些知识灌输给学习者的人。显然，教师充当了一个"传话筒"的角色，学习者是接收器，将教学简单地视作知识传递的过程。这种对知识过于重视而忽视具体能力的教学方法，势必会造成教学过程的重复、单一，也会制约教师的创新意识与研究精神，让教师的教学思想与观念更加保守、陈旧。

在新形势下，信息技术迅猛发展，教师在技术、知识上所具备的权威性受到极大的挑战。在新环境下，教师对于知识传授者的角色是否有新的理解？是否应该对教师的角色进行重新定位？教师对自身的教学手段、角色观念是否感到不适？教师如何转变自我并适应新环境？这些问题都说明，教师作为知识传授者的角色应该改变。

2. 新的角色

说到角色，一般人会觉得其与身份、地位有关，认为角色是对人们身份、地位的诠释。在当今社会，教师扮演着十分重要的角色，他们以各种方式调动与引导学习者参与活动，并引导学习者在自己设定的环境中展开探索。传统的教师所扮演的角色已经很难适应当今社会的需要。在这个多元化的社会，教育具有多样性，需要适应不同层次、不同族群人的需求。教师需要作为文化传承执行者的角色展现在人们的面前，他们通过间接的形式逐渐实现文化传递。只有具有多元文化教育观的教师，才能与多元文化社会的教育相适应。也就是说，教师不再是知识的传授者与复制者这些简单的角色，而是被赋予了新的多样的角色。

（1）语言知识的诠释者

教师是语言知识的诠释者，他们在开展课程教学之前，必须先具备渊博的知识。简单来说，教师需要对语言知识有系统的、全面的把握，并能够从这些知识中分析出语言现象。一般而言，教师需要掌握的专业知识包括理论知识、语境知识、实践知识等，这些知识中囊括了语音、词汇、语法、语篇、文化等知识，教师只有掌握了这些知识，他们才能解决学习者学习中遇到的实际问题，帮助学习者提升自我，实现更好地语言输出。

（2）语言技能的传授者

除了语言知识，教师还需要掌握语言技能，并且将这些技能传授给学习者。在学习者学习语言的过程中，掌握语言知识是基本条件，而最终目的是为了提升自身的语言技能。一般来说，语言技能包含听、说、读、写、译五项。就语言的发展规律而言，听说居于重要地位，读写译次之，但就语言教育的角度而言，读写译居于重要地位，听说次之。这就说明语言教学的目标是让学习者具备一定的读写译能力，而听说能力是实现读写译能力的前提与基础。教师要想能够提高教学质量，熟练地驾驭语言课程，就必须掌握这五项技能，并且保证五项技能的有机结合，从而提升学习者的语言综合技能。

（3）课堂活动的组织者

无论是语言教学还是其他教学，课堂活动都是必不可少的一部分。在语言教学中，课堂教学是其重要的载体与媒介。教师要想提升自身的教学质量，必须要设计出合理的课堂活动，如辩论、对话、对话表演等，这些都是能够让学习者参与其中的活动，让学习者有真实的语言训练机会，提升自身的语言表达能力。在这之中，学习者也会不断加深对语言知识与技能的印象，巩固自身的知识体系。

（4）教学方法的探求者

教师在语言教学中不能仅仅使用一种教学方法，应该承担起教学方法开发者与设计者的角色，创新教学方法，使课堂教学更多样有趣。与其他学科相比，语言教学具有极强的实践性，因此其与教学方法的关系更为密切，甚至教师对语言知识的分析、学习者语言技能的掌握、教师课堂活动的组织等都需要考虑相应的教学方法。

随着很多学者对语言教学进行深入的研究，探索出了很多教学方法，如语法-翻译法、交际法、任务法、情境法等，这些教学方法各有利有弊，教师需要考虑教学的实际情况以及学习者的实际水平，选择适合自己的教学方法组织教学，有时候甚至需要多种方法并用，从而达到最佳的教学效果。

（5）多元文化环境的创设者

学校的文化环境会对学习者的学习产生影响。作为一种社会化机构，学校的目标、功能、管理等都属于主流文化，如果教师不知道如何对学校的教学环境进行塑造，就很难在家庭-社区-学校之间构建一个平衡点，很难让学习者予以适应。因此，教师要努力创建多元文化教育环境。具体来说，可以从如下几点着手。

首先，师生之间要构建信任关系。师生间的人际关系对学习者的成绩产生重要影响，文化差异的存在、教师的偏见容易造成师生之间的隔阂与误解。如果师生之间存在这种隔阂与误解，就会对学习者的自我观念产生负面影响，让学习者受到挫折，甚至孤立无援。

其次，教师要努力构建一种积极的家庭式氛围。教师要为学习者提供一个充满尊重与关怀的环境，让学习者领略到家庭语言与文化。教师要对学习者的文化背景有充分的了解，不断搜寻相关的信息，并将这些相关信息自然地融入教学之中。

总之，教师只有充当一名多元文化者，才能对学习者所处的文化环境有清楚的了解，对学习者的文化价值观有清楚的把握。同时，教师只有从多种角度对文化加以理解，才能为每一位学习者设计合适的教学策略与内容。

（6）中外文化差异的解释者

在多元文化背景下，教师充当了中外文化差异解释者的角色。由于中外文化传统不同，二者在价值观、思维模式上存在明显差异，而这些差异会逐渐成为学习者跨文化交际的障碍。

就社会文化角度而言，语言属于一种应用系统，具有独特的规范，是文化要素中的一项重要组成部分。因此，在语言教学中，教师除了要教授语言知识与技能，还需要囊括文化背景知识，实现语言知识、语言技能、文化背景知识三者的融合与补充。

就语言文化知识的内容而言，除了要教授本土文化知识，还需要讲授外国语言文化背景知识。中外语言文化的差异性主要体现在风俗习惯、思维模式、价值观念等层面，而这些差异性在语言上有明显的呈现，无论是在词汇还是篇章中。因此教师应该充当中外语言文化的解释者这一角色，将中外语言的差异性解释给学习者，让学习者在了解这些差异的基础上，掌握好语言。

需要指出的是，教师在充当中外语言文化的解释者这一角色时，对中外文化要保持中立态度。文化没有优劣之分，因此教师在选取素材时，应该尽量选择那些不会对其他文化造成伤害的素材，避免引导学习者对某些文化产生偏见，要使学习者对不同的文化有清楚的认识。

（7）本土文化知识的传授者

教师应该对外国语言文化背景知识有清楚的了解，除此之外，他们还应该对本土文化有清楚的了解与认识，甚至需要成为本土文化的专家，挖掘本土文化所蕴含的特色与思维形式。教师既是知识的引导者，也是文化的传承者，他们应该以一个真诚的面孔将文化展现在学习者面前，将本土文化知识融入自己的课堂之中，与学习者展开平等的交流，从而为语言教学提供更为广阔的空间，同时构建和谐的师生关系。

教师要比其他人对本土文化知识有更敏锐的直觉，对本土文化知识的价值更注重保护与发展，并且懂得如何对学校所处社区的本土文化知识进行挖掘。在语言教学过程中，教师应该对学习者在本土社会中获取的知识予以尊重，而不是一味地否定或者贬低。教师可以引导学习者对本土文化知识与书本知识进行比较，培养学习者将本土文化知识与书本知识紧密融合，从而创造出新的知识体系。

（8）语言单元任务的设计者

要想实现单元的主题目标，就必然需要对单元任务进行设计，这是教师的一项重要任务。学习者通过教师设计的这些真实的任务，可以拓宽自己的语言知识面，还能够提升自身解决具体问题的能力。因此，在语言学习中，语言单元训练任务的设计是非常重要的。

当前的新环境要求教师应该在网上设计相应的单元任务，让学习者在规定的时间内完成，最后提交完成任务的结果。通过这种方式，可以降低学习者自身的压力，让他们愿意参与其中。另外，通过网络，学习者可以根据自身的实际情况选择教师设计的任务，遇到问题时也可以与教师或其他同学进行网上交流，最后呈现自己的作品或观点。显然，这种方式不仅锻炼了学习者的语言水平，还有助于提升学习者的兴趣和积极性，加强人与人之间的交往与合作。

（9）有效主题教学模式的设计者

在新形势下，语言教学要求教师不断探求新的教学模式。具体来说，教师不仅需要发挥网络的优势，还需要提升学习者学习的效率。对此，教师在设计主题教学模式时，应该选择学习者感兴趣的话题，并且整个教学模式都围绕这一主题开展，以小组合作讨论的形式完成任务，最后提交讨论结果。

当然，由于处于网络环境下，教师设计的每一个主题应该能让学习者在网络上找到丰富的资料，包含这一主题的文化背景与发展动态，然后由学习者进行总结与归纳，进而让学习者在网上进行讨论，这样的模式设计实际上帮助学习者摆脱了课本的限制。

另外，在设计有效主题教学模式时，教师要尽量链接一些有效网址，帮助学习者接触更多的国内外文化知识。教师还可以下载一些前沿性的资料，以吸引学习者，提升他们的求知欲。当然，对于一些敏感性的话题，教师要进行正确指导，避免学习者出现文化偏见。

（10）学习者网络学习的帮助者

在语言教学中，网络能够起到监控的作用。通过网络监控，教师可以对学习者的学习过程有所了解与把握，从而帮助学习者实现自己的学习需要。教师是学习者进行网络学习的帮助者，尤其对于差生而言，教师更是发挥了不可磨灭的作用，他们通过记录学习者浏览网页的情况，了解学习者是否参与其中，从而清楚学习者在学习中遇到的困难，然后帮助学习者解决实际问题。

另外，由于不同的学习者遇到的困难不同，因此，教师应该给予分别指导，促进不同层次学习者各自的进步。显然，教师对学习者网络学习的帮助更具有人情味，不仅有助于提升优等生的水平，还有助于避免差生的畏惧心理，帮助不同层次的学习者解决不同的问题，真正帮助他们实现有效的自主学习。

（11）在线学习系统的建立者

网络为学习者的语言学习提供了便利，而教师在这之中充当了调控学习者学习、提供个别指导的作用，但在这之前，首先需要建构一个完善的在线学习系统。在这一系统中，有教师与学习者两个端口，学习者通过填写自己的信息，向教师端提出申请，教师负责审核，使学习者加入这一系统。

根据在线学习系统的导航提示，学习者可以获取自身所需的资料，也可以下载下来。例如，某一在线学习系统可能包含"单元测试"与"家庭作业"两个项目，在"单元测试"中学习者可以进行训练与测试，在"家庭作业"中学习者可以提交自己的作业。之后，学习者还可以通过论坛、QQ 等平台与教师进行讨论，实现网上交互。

（二）教师的素质

1. 广博的知识素养

（1）专业的知识素养

对于教师来说，具备专业的知识素养是极为重要的。它不仅决定着教师能否成为一名合格的教师，而且对教师的工作有直接的、至关重要的指导意义。因此，教师在平时的教学与学习过程中，必须重视丰富自己的专业知识。

（2）教育学与心理学方面的知识素养

教育学与心理学方面的基础知识是教师必须要具备的知识素养，这有助于教师在全面、客观地了解学习者身心发展情况与教育基本规律的基础上，使教育教学工作顺利开展并取得良好的成效。

（3）个体性知识

个体性知识指的是教师作为一个社会人所必须具备的知识，具体涉及以下几个方面。

对于教师来说，学会生存和生活是其开展教育教学活动的重要前提。因此，生存生活知识也是教师必须要具备的知识素养，如怎样在突发事件中求得生存、如何促进自己的生活质量不断提高等。

现代社会是信息社会，也是人际交流的社会。因此，为人处世知识也是教师必须要具备的基础知识，如怎样对师生关系、同事关系等进行协调，如何扮好职业角色等。

不懂得道德规范的人是卑劣的人，不了解法律的人可能成为社会的罪人。因此，一定的道德法律知识也是教师必须要具备的。事实上，教师具备了良好的道德法律知识，能够有效引导学习者成长为有道德、守法律的人，这对于学习者的健康成长以及社会的稳定等都有重要的作用。

在当前的时代，科技迅速发展，其更新换代的速度也不断加快。同时，科技在人们生活中的渗透日益广泛，人们的生活、学习与工作都越来越离不开科技。因此，对于教师来说，掌握一定的科技知识也是十分重要的。

2. 完备的专业能力素养

完备的专业能力素养是教师成功完成教学活动所需的个性心理特征。具体而言，教师必须要具备的专业能力素养有以下几个。

（1）教学设计能力

所谓教学设计能力，就是教师在课前以学习者的身心发展特点、学习水平等为依据，组织加工教学内容、选择恰当的教学方法与教学模式等，促使教学获得最优效果的能力。教师只有具备良好的教学设计能力，才能确保教学活动得到顺利开展，并推动教学取得良好的成果。

（2）钻研教材的能力

新课程理念下的教材，不仅仅指的是教科书，还包括各种各样的音像材料、广阔的社会生活以及师生的经验与体验等。由于教材是教学设计的重要影响因素之一，因而教师要想提高自己的语言教学设计能力，必须重视提高自己钻研教材的能力，即能够正确地分析、把握和运用教材的能力。

（3）了解学习者的能力

教师在进行教学设计时，学习者是不容忽视的一个影响因素。也就是说，教师只有全面、深入、客观地了解学习者，并以此为基础进行教学设计，才能确保教学取得良好的成效。因此，了解学习者的能力也是教师必须要具备的一项重要能力。教师在对学习者进行了解时，应特别注意以下方面。

第一，要了解学习者的学习态度。

第二，要了解学习者已有的知识和心理发展水平。

第三，要了解学习者学习的方式与方法。

第四，要了解学习者对教学的反馈。

（4）利用教学资源的能力

教师教学需要的各种统计数据、音频、视频和动画、站点资源、实物等，便是教学资源。丰富的教学资源是有效开展教学活动的重要条件，因此教师在开展教学活动之前，必须要围绕学习者的学习活动来搜集、整理教学资源，并明确如何对所掌握的教学资源进行合理利用。教师所具备的利用教学资源的能力，也会对其教学设计能力产生重要的影响。

（5）课堂组织与调控能力

在开展语言教学活动时，教师需要发挥主导的作用，有效地对教学过程中的各种因素和变量进行调控，从而确保教学取得良好效果。因此，课堂组织与调控能力也是教师必须要具备的一项专业能力素养。

（6）语言表达能力

教师在实施语言教学活动时，能够取得良好的教学效果在很大程度上依赖于其语言表达这一手段的运用是否恰当、合理。即使在现代化多媒体技术广泛应用于语言教学领域的今天，课堂教学中教师语言的功能仍不可替代。因此，良好的语言表达能力也是教师必须要具备的一项专业能力素养。

（7）教学科研能力

当代的教师不仅仅是教育的实践者，还应该是集教学、科研和管理等多种功能于一身的复合型教师。这决定了教师在日常的学习与工作过程中，也要重视提高自己的教学科研能力。

（8）教育教学交往能力

这里所说的教育教学交往能力，就是教师在教育教学过程中与他人交流信息、沟通情感、相互知觉和相互作用的能力。只有具备了这一能力，教师才能有效实现与学习者的双向沟通，也才能与其他的教师形成教育合力，共同推进语言教育不断取得良好的成效。

（9）信息处理能力

当前的社会是一个信息化社会，新知识层出不穷，信息的数量也不断增多。由于新知识和不断增多的信息会对教学以及学习者发展都产生重要的影响，因此对于教师来说，具备一定的信息处理能力也是十分必要的，具体涉及以下几个方面。

第一，对信息具有高度的敏感性，能够广泛地接受各种信息，迅速而准确地发现和掌握所从事学科专业的新研究成果、新论点。

第二，对接收到的信息能够进行整理加工、分析研究、转化。

第三，能科学地表达和发现自己的信息需求，掌握获取信息的基本方法和现代化检索工具，获取自己需要的信息。

3. 高尚的道德素养

所谓教师的道德素养，就是在教师身上所表现出来的与某种政治主张、思想观点、道德标准相符合的稳固特征和倾向水平。教师的道德素养，能够对学习者的身心发展产生极其重要的影响。因此，教师一定要重视自身道德素养的培养，切实使自己形成高尚的道德素养。

4. 良好的心理素养

从本质上来说，教学活动就是教师和学习者及教学内容之间进行多向交流的过程。在这一过程中，教师的心理活动会发挥重要的作用，继而对学习者的个性发展产生重要的影响。因此，教师要想促进教育教学效果的不断提高、与学习者进行良好的交流与合作、促进学习者的个性发展，就必须要具备良好的心理素养。具体而言，教师良好的心理素养需要包括以下几个方面。

（1）良好的自我意识

自我意识是人格的核心，其主要是通过个体对自己的身体、活动和心理等方面的认识和态度表现出来的。对于教师来说，只有具备良好的自我意识，才能切实以自身的实际条件为依据，设计恰当的教育教学计划，并确保教育教学计划顺利实施、取得良好的成效。

（2）完备的智能品质

完备的智能品质就是教师必须要具备的智能条件，其在很大程度上影响着教师能否顺利地完成教育教学工作。

（3）积极稳定的情绪

教师只有具备积极稳定的情绪，才能在教育教学过程中营造积极主动的氛围和适宜的学习情境、与学习者形成融洽的关系，并有效激发学习者的积极主动精神。

（4）良好的人际关系

在与学习者和同事接触的过程中，教师只有切实与其形成良好的人际关系，才能确保教育教学取得良好的效果。因此，构建良好人际关系的能力也是教师必须要具备的一个良好心理素养。

二、社会环境

语言是社会的产物，是随着社会文化的形成而不断形成的。因此，社会环境对语言有着非常重要的影响。语言教学中的社会环境主要涉及国内及国际环境、社区环境、家庭环境等，下面做具体分析。

1. 国内及国际社会环境

当代社会，随着一体化进程的加快，文化、科技等各个领域在不断融合，世界成为一个"地球村"，这就导致需要大量的外语人才。外语不仅要在学校里面学习，还是以后工作的一种必需语言。这种共识也推动着很多人开始学习外语，也推动了我国语言教学的发展。同时，我国教育部对语言教学也格外重视，在教材编写、设备革新层面，不断更新语言教学的环境，促进我国语言教学的进步。

2. 家庭环境与社区环境

家庭环境与社区环境也对语言教学有着重要影响。著名学者苏安华曾经对两个班级进行比较，A班的学习者大多来自干部家庭，B班的学习者大多来自工人与普通职员家庭，然后在家庭的影响下，A班的学习者显然具有明确的竞争意识，而B班的很多学习者认为语言学习是无用的。因此，在新一轮的教育改革上，要明确实行国家、地方和学校三级课程管理体制，地方可以根据本区域语言教学的实际情况合理开发语言社区，为学习者增加课外语言实践的机会。

三、学习环境

学习者运用语言学习策略必然是在一定的学习环境中进行的，它是影响语言学习策略运用的重要客观因素之一。而学习环境是否良好也会影响学习策略的运用效果。

现如今，学习者的学习环境除了教室、宿舍等外，还增加了网络环境。

（一）多媒体教室

多媒体教室是以教育教学的需要为依据，通过整合多种现代教学媒体如多媒体计算机、录音、录像、投影等而建立的一个综合教学系统。教师通过多媒体教室系统，能够将多媒体教学手段利用起来进行信息化教学，教学更方便、灵活，教学形式与学习者的认知、理解和记忆特点更符合，有助于促进教学效果和效率的提高。

多媒体教室的教学功能如下。①与校园网络连接，为网络联机教学和教师对丰富网络资源的调用提供方便。②与闭路电视系统连接，使电视媒体的作用充分发挥到教学中。③对实物、文字、图片、模型等教学资料的形象展示。④对视频教学节目的播放。⑤采用多媒体辅助教学手段，将多媒体教学课件演示给学习者。⑥使各种声音信号从先进的音响系统中播放出来。⑦使计算机信息、视频信号显示在大屏幕投影仪上。

（二）网络教学机房

网络教学机房也称"网络教室"，是集普通的计算机机房、语音室、视听室、多媒体演示室等功能于一体，利用网络和多媒体技术将多台计算机及相关网络设备互联而成的小型教学网络。

1. 网络教学机房功能

① 教学功能。将多媒体课件、教师音视频、外部音视频等多种信息利用起来对学习者进行集体性或个别性的广播教学。

② 监视功能。教师可对学习者的计算机屏幕进行实时监视，观察学习者如何操作计算机。可多画面监视多个学习者，也可以单一循环监视每个学习者。

③ 示范功能。教师可通过广播的形式将选定学习者的屏幕、声音传递给其他学习者，主要起到示范的效果。

④ 文件传输功能。教师可以将教学课件、资料发送给学习者供其自学；学习者可在线提交自己的学习作品。

⑤ 交互控制功能。教师将键盘、鼠标等利用起来遥控操作选定的学习者计算机；学习者也可按同样的方式遥控操作教师或同学的计算机。该功能主要通过开关来设定遥控过程的控制和交互。

⑥ 远程管理功能。教师可以对学习者计算机的桌面设置进行远程修改，如屏幕尺寸、声卡音量等。

⑦ 学习者控制功能。教师可以控制操作学习者的计算机，如锁键、重启、黑屏等。

⑧ 快速抢答功能。教师将快速抢答功能开启后，学习者按键抢答，最后会显示出按键最快的学习者。

⑨ 电子举手功能。学习者按功能键来完成电子举手，然后提出自己的问题。

⑩ 自动辅导功能。教师按照学习者的举手顺序一一辅导学习者。

⑪ 媒体控制功能。可在控制界面或控制台直接控制媒体设备，如 VCD 或 DVD 等。

⑫ 分组讨论功能。教师划分学习者小组，小组成员间进行讨论，教师可参与任一小组的讨论。

⑬ 网络联机考试功能。可通过计算机统一发卷、收卷，自动阅卷。

2. 网络教学机房应用形式

（1）电子备课

教师在网络机房备课可以解决电子课件制作中资料不足、文件较大、不易移动等常见问题。网络机房有包含大量资源的资源库，教师可在课上灵活调用资源。资源库的资源可以被共享，如学校在服务器中存入购买的教学资源，教师可共享使用。

（2）课堂教学

网络机房可有机整合多媒体教学信息，为多媒体课堂教学提供方便。在课堂教学过程中，教师可通过多媒体形式（文本、动画、声音、视频等）对教学信息进行传播，调动学习者的积极性；也可以在课堂上引入其他直播课堂或教学资源。教师还能利用多媒体课堂教学针对个别学习者进行辅导。

（3）学习者自学

网络机房和电子阅览室有相似之处，学习者能够利用网络机房的学习资源独立完成学习，这个学习环境对学习者来说更开放、更自由，学习者可以利用共享资源来学习很多新知识。

（4）网络测试

教师可通过网络机房组织网络考试，实时了解学习者的答题情况，然后利用相应功能来自动阅卷，给学习者及时反馈测试成绩，帮助学习者分析与处理回答错误的问题，使教学效率大大提高。

第五章

基于需求分析的听说学习策略

在语言学习过程中，听说能力的高低对于学习者而言具有较大影响。如果学习者具有较强的听力能力，那么其口语表达能力在一定程度上也不会弱。这是因为对于任何一门的语言学习而言，都需要先听后说，说需要建立在听的基础上。学习者想要提升自身的听说能力，那么就需要掌握一定的策略，如此才能更加高效地学习语言知识。为此，本章主要研究基于需求分析的听说学习策略。

第一节 听力学习与需求分析

一、听力简述

(一) 什么是"听"

在学者罗宾看来，"听是一个包含主观能动性的过程，它涉及听者信号的主动选择，然后对信息进行编码加工，从而确定正在发生的事情以及发话人想要表达的意图。"（Rubin，1995）

理查兹和施密特对"听力理解"进行了专门的探讨，他们认为，"听力理解涉及的对象是第一语言和第二语言，所要做的事情就是弄懂这两种语言。但是，对这两种语言的理解是有本质区别的。其中，对第二语言的听力理解比较关注语言的结构层面、语境、话题本身以及听者本身的预期。"（Richards et al.，2002）

著名学者林奇和门德尔松特别指出了"听"和"说"的内在联系，他们认为要想成功地"听"，还必须在"说"上下功夫，但是"听"同时也受到其他声音信息和画面信息的影响，这就要求听者在已有经验的基础上根据语境来对话语进行准确的把握。另外，"听"不是单一的，是一种连续不断的处理过程，包含：①如何将语音进行划分。②如何对语调形成一种认识。③如何对句法进行详细的解读。④如何把握语境。大多数时候，上述过程是在人们的无意识中悄悄进行的。此外，两位学者还就"听"和"读"的联系与区别进行了阐释，并认为与"读"相比"听"的作用更加显著，具体包含以下几点。①让人感受到一种韵律的美。②让人产生一种追逐速度的急切心理。③对信息的加工和反馈都在最短的时间内完成。④耗时较短，通常不会重复进行。

"听"与"读"都是一种对信息的输入，但是在听力学习中教师绝对不能将"听"看作阅读的声音版，而应该认真研究"听"的本质属性，并据此去组织教学，从而帮助学生获得一定的听力技能。

（二）什么是"听力理解"

从信息论的角度来讲，听力理解是对信息进行认知加工的过程。"听力理解"呈现出以下几种特征。

1. 时效性

时效性是指听力理解要求听者在一定的时间内高效地对声音信息进行加工。要做到这一点，听者需要认识到时间的紧迫性并且能够快速地判断。声音信息输入的流线型特点也同样要求听力理解具有时效性。听力理解是否具备时效性，往往成为衡量一个人听力能力的关键指标之一。

在听力学习中，教师可以将听力理解的时效性特点向学生进行详细的解释，这样可以督促学生做出更好的听力计划，促使学生监控和评估自己的听力能力。如果要想保证理解程度的最大化，听者就需要解决自身的听力时效性，如果不能解决这一问题，那么听者就很难理解发话人的话语。

2. 过滤性

过滤性是指听者在听力理解的过程中能够准确地筛选出有用的信息，而剔除那些无用的甚至是干扰的信息。简单来讲，过滤性就是"抓关键信息"。

显然，听者不需要原原本本地将听力内容在头脑中放映一遍，但是必须能够把握住听力内容的中心思想。因为听力理解的内容是一串连续性的语言符号，人们必须从整体上把握内容，而不是孤立地关注某一个音素。想要把握听力内容的中心思想，不偏离听力内容的大方向，就必须先获取发话人的主题，然后围绕这一主题探索事件的时间、地点、过程以及发话人的思想情感等边缘要素，主题和边缘要素存在着一种内在的连贯性。

3. 即时性

即时性是指听力理解无法提前安排和计划，都是随时进行、随时结束的。这就使得学习者不可能提前对听力理解进行演练，从而导致了听力理解的不可预知性，这正是其难点所在。因此，在听力学习中，教师应该尽可能地培养学生对听力材料的适应能力，能够对各种情况做到随机应变。

4. 推测性

推测性是指听力理解是通过推理进行的。其实说到底，只要是含有理解的行为，就少不了推理的存在。说得具体一点，推理就是依靠自己的主观能动性不断验证先前的假设的认知过程。在一次完整的推理中，有两个环节是必不可少的。首先是预测将要发生的事情，其次是对结果进行推断。当然，这两个环节有其存在的前提，也就是不能做无缘无故的预测，那是妄想，而是要根据已有的知识经验来推测未知的事物。并且已有的知识经验和未知的事物之间是有着内在关联的，听者就是需要通过这些显性或者隐性的关联来寻找发话人的信息，从而推测发话人的意图。

5. 情境性

情境性是指听力理解是发生在特定的时间、场合之下，时间、场合就构成了听力理解的情境。随着时间和场合中任何一方面的改变，情境就会改变，这就引起了不同听力情境的发生。

听者之所以要关注听力理解的情境，是因为这些情境中包含着很多重要细节，它们决定了听者对话语意义的理解，同时也为即将产生的话语提供理解的线索。在日常的听力学习中，教师要提醒学生注意情境，有意识地提高学生对情境的敏感度，从而促使学生对话语有更准确的理解。另外，教师应该尽量为学生创设真实的情境，因为语言的运用就是在真实的情境下发生的。

6. 共振性

"共振性"这一概念是从物理学中移植过来的，表示一种瞬间感应性。听力理解具有共振性，是指听力理解是在对应原则的基础上发生的，有着自己独特的经验和惯性。

具体来讲，在听力理解中，一些新信息不断地刺激大脑，从而激活大脑中已有的知识，新知识和已有知识之间的交流就是共振。那也就意味着，学习者拥有的知识总量和其感知能力的高低是成正比的，和共振效率也是呈正相关的。听力理解的共振性和信息加工理论中的"编码-解码"程序具有很大的关系。

（三）听力学习的原则

1. 激发兴趣原则

听力能力的提高需要一个过程，不能一蹴而就，而且需要不断的练习和努力，很多学习者由于自己听力能力不佳，加上进步缓慢，因此对听力学习缺乏兴趣。可见，兴趣对于听力学习至关重要，对此教师在开展听力教学时要有意识地激发学生的兴趣，也就是遵循激发兴趣原则。具体而言，教师在进行听力教学之前，首先要充分了解学生的兴趣所在，即了解学生对哪些听力活动和听力内容感兴趣，然后以此为依据来调整教学内容和教学方法激发学生的听力兴趣，调动学生的积极性，进而提高学生的听力水平。

2. 情境性原则

听力是交际的重要方式，学习者只有在自然、真实的环境中，才能与环境产生相应的互动，获得真实的语言体验。很多教师往往都有这样的感受，即教师竭尽全力鼓励学生参与课堂活动，但学生依然对听力学习缺乏积极性，课堂教学沉闷。实际上，良好的课堂氛围需要师生共同营造，教师应该与学生积极沟通，充分发挥自己的主导作用和学生的主体作用，营造活跃、自然、民主的课堂环境，创建语言情境，进而培养学生的听力能力。

3. 综合原则

语言包含四项基本技能，即听、说、读、写，这几项技能之间并不是相互独立的，而是密切联系、相互促进的。所以，教师要想切实提高学生的听力水平，就要重视听力与其他技能之间的关系，将输入技能训练和输出技能训练相结合，培养学生的综合语言能力。

二、听力学习的重要性

听力学习的重要性主要体现在可以提升学习者的学习意愿。对于提升学习者的学习意愿来说，听力活动发挥的影响力主要体现在四个方面：①传播新信息。②整合新老知识。③应用语言知识。④评论语言知识。

在听力理解活动中，新信息的传播，搭建了一种尽量真实且符合当下学习主题内容的场景，塑造出鲜明、直接的形象，帮助学习者产生想象，促使其重新记忆其相关联的知识、经验或者表象，达到新老知识的重新整合。并且有助于学习者唤醒过去的经验，调整对过去知识的印象，使得新的知识可以被吸纳到完整的知识框架中，让学习者对问题有更充分的理解，能够更好地运用知识建构新的意义体系。这一套完整的学习过程，可以让学习者在交互式的学习体验中，充分激发自主学习的积极性。

三、需求分析中的学习者听力问题

（一）基础知识积累不足

现在，尽管听力学习受到了学习者的重视，但是很多学习者的听力水平不高，这在很大程度上源于学习者基础知识积累不足。一方面，学习者缺乏必要的语音知识，对音节、连读等掌握不牢固，加之词汇量积累有限，语法知识欠缺等，这些都会对学习者的听力理解造成影响。另一方面，学习者缺乏良好的外语学习环境，因此学习者很难对外语音调、韵律等具有敏感性。由于基础知识积累不足，学习者的听力能力很难得到提高。

（二）对听力缺乏兴趣

由于教学方式的单一性和听力本身的复杂性，很多学生对听力学习缺乏兴趣，甚至从心理上对听力产生了抵触情绪。这种抵触情绪会进一步降低学生参与听力活动的积极性，甚至是应付听力学习，使得听力学习收效甚微。

（三）学习形式单一

受传统教学模式的影响，学生在学习听力时，十分依赖教师的教学，依赖于学校规划和课程安排，进而导致自主学习听力的能力较低，在外语听力上得不到成就感，学习兴趣降低，最终导致整体学习效果不佳。此外，学生跟随教师的课堂讲解，不利于学生建立个性化的外语知识框架和体系，不利于学生自主学习能力的提升。

（四）缺乏外语文化知识

语言与文化密切相关，很多听力材料中都渗透着文化知识。很多学习者无法准确理解听力内容，部分原因就在于缺乏必要的文化背景知识。对此，学习者在听力学习中不仅要学习听力技能，还要学习文化知识，了解外语国家的历史文化、思维方式等，掌握中外文化间的差异，这样才能为听力学习扫清障碍，提高听力水平。

（五）缺乏外语听力环境

我国学生是在汉语环境下学习外语听力的，而且主要是通过教材和课堂来学习听力，学生在课本上学到的都是规范用语，而教师在教学中为了便于学生理解，常会放慢语速，使得语流失去了正常的节奏。但在以其为母语的国家，人们在实际交际过程中使用的语言往往具有很强的口语化特征，常使用口语化表达。而在课堂教学中，这种口语化的语言很少出现，学生接触不到地道的外语表达，也就很难切实提高外语听力能力。

（六）不善于利用课余时间

课堂教学的时间是有限的，因此对课堂教学起着补充作用的课余时间的利用率直接影响着学生的听力水平。但是在实际学习中，学生并没有充分利用课余时间。很多学生没有制订自己的学习计划，只是依靠课堂教学，但课堂教学是面向全体学生的，是针对学生的平均水平设计的，并不能满足学生的个性化需求。如果能制订适合自己的学习计划，并充分利用课余的零散时间，将听力学习与日常生活相结合，对提高外语听力水平将起到事半功倍的作用。

四、听力策略与具体技巧

（一）听力认知策略

根据认知理论，听力理解是一个需要听者积极构建意义的过程，也是一个复杂的认知过程。在学习中运用认知策略对学习者建构意义、提高获取信息的能力大有裨益。将基于认知策略的听力教学模式（图5-1）运用到外语听力教学实践，对提高学生的听力水平和教学效率十分有利。

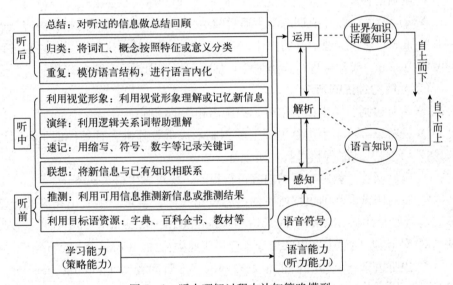

图5-1　听力理解过程中认知策略模型

（杨照，2019. 基于认知策略理论的大学英语听力教学模式探索——以应用型高校为例）

基于认知策略的外语听力学习模式的实施步骤具体如下。

1. 听前阶段

在听前阶段，教师的主要任务是让学生对听力材料的背景有所了解，教会学生使用目的语资源和推测策略，通过各种途径，如查阅词典、百科全书等扫除词汇障碍，同时激活学生已有的知识储备，为即将进行的听力活动做好准备。

2. 听中阶段

在听中阶段，教师要培养学生，让其通过联想、推测、演绎、速记等方法完成听力活动。以《新视野大学英语视听说教程》第三版第一册 Unit 7 "Weird，wild and wonderful" 为例，本单元涉及的话题是自然与环境问题。在听力教学中，教师首先要充分激活学生头脑中储存的有关环境问题的知识，如水源污染、大气污染、森林破坏等，让学生合理推断文章内容。在第一遍听录音过程中，教师要求学生概括文章大意，这要求学生在听语音的过程中，结合自己的储备知识，运用联想策略，归纳篇章大意。在第二遍听录音过程中，学生需要把握细节信息，完成表格中的空缺信息，教师要训练学生集中注意力，抓住重要信息，进行速记的能力。在听力活动结束后，如果信息有遗漏，教师可以引导学生运用推测、联想等策略，进行合理的推测，以增强学生对听力材料的理解和掌握。

3. 听后阶段

在听后阶段，教师要训练学生通过归纳、总结等策略对听力材料内容做进一步的加工处理，实现语言的内化。此外，教师应指导学生对听过的材料进行重复听力练习，让学生进行模仿训练，从而起到巩固语言基础的作用。

（二）听力训练的方法

① 边听边画：学生边听语音，边画出相应的图画。

② 视听结合：学生边看黑板上的图画，边听教师讲。有条件的也可利用投影仪、幻灯片或录像机进行视听训练。

③ 听后回答：教师对听的内容进行提问，要求学生口头回答。

④ 听后照做：教师根据所听的内容发出指令，要求学生做出相应的行动或表情，如 "Show me how David felt when he met Jane at the airport"。教师使用课堂用语时向学生发出的指令也应属于此类，如 "Come to the front"。

⑤ 边听边猜：学生在听前根据教师的 "导听问题"（guiding questions）提示，并结合已学的知识对所听的内容进行预测。

⑥ 句子段落理解：教师放录音或口述句子、段落；学生一边听，一边看教师示范表演；将各句意思以指出（举起）相应的图画或做相应的动作来表示。例如，教师用手势画出单词重音、语调符号和节奏，让学生模仿。

⑦ 短文理解：学生先听录音，然后根据短文的内容，进行形式多样的练习帮助听力理解。例如，听录音回答问题，听录音做听力理解选择题，听录音判断正误，听录音做书面完形填充练习，复述短文大意，做书面听力理解练习题等。

⑧ 课文听力训练：教新课文之前，先让学生合上书本，听两遍课文录音，

或听教师朗读课文；讲课文时，教师一边口述课文，一边提出生词，利用图片、简笔画、幻灯片或做动作向学生示意，帮助学生达到初步理解的目的；学生根据课文内容进行问答，如就课文中生词或词组提问、就课文逐句提问、就课文几句话或一段话提问等。

⑨ 技能学习：听力的有效进行是需要一定的技巧的，因此在外语学习过程中，学生应掌握几种常用的听力技巧。

其一，听前预测。在进行听力之前，进行一定的预测是很有必要的。在教学中，教师可以指导学生在正式听听力材料之前，先浏览一下听力问题，据此预测听力测试的范围，如地点、时间、人名等，这样可使听力更具针对性。

其二，抓听要点。在听的过程中，要学会抓听要点。也就是抓听交际双方语言活动中的主要内容、主要问题、主题句和关键字等，对于一些无关紧要的内容则可以不用重点去听。

其三，猜测词义。听力过程中不可能听明白每一个词，而且有时难免会遇到陌生的单词，此时如果停下来思考这个词的意思，就会影响整个听力材料的理解。这时可以继续听，通过上下文来猜测词义，这样既不会中断思路，也能流畅地理解听力材料内容。

其四，边听边记。听力具有速度快和不可逆转性的特点，听者在有限的时间内不可能听懂和记住所有的内容，此时就需要借助笔记来辅助听力活动，也就是边听边记录。听力笔记不需要十分工整，主要听者自己能看明白就行。

（三）听力训练的要求

① 熟练掌握课堂用语，尽可能用目的语组织教学。

② 充分利用音像手段（如录音机）和软件资料进行大量的听力训练。

③ 遵循循序渐进的原则，听力训练时听音材料难度应该由浅入深，生词量由少到多，语速由慢到快，长度由短到长。

④ 尽量将听与说、读、写等活动结合起来进行训练。

⑤ 结合语音语调的训练，特别是朗读技巧（单词重音、句子重音、连读、辅音连缀、停顿和语调）来训练听力。

⑥ 听前让学生明确目的和任务。

⑦ 把培养听力技巧（辨音、抓关键词、听大意、听音做笔记等）作为教学的主要目标。

⑧ 布置适量课外听力训练。

第二节 口语学习与需求分析

一、口语简述

（一）口语的内涵分析

对于学习外语口语的学习者而言，他们想要使用外语进行口语表达，首先就需要掌握一些基础知识，如外语的节奏感、语音、语调等。提升口语水平并不是一件容易的事情，学习者除了要掌握发音，还要掌握这门语言的功能。个体想要掌握一门语言进行交际，不仅要学会发音，而且还需要把握这门语言的其他方面的知识内容，如这门语言背后的社会习俗、文化背景、交际方式、社会礼仪等。可见，语言交际看似简单，其实相对复杂，是上述所有内容的一种综合体现。

人们对口语能力这一概念的理解往往不同，不同的理解通常会带来不同的教学效果。语言是随着社会的发展而发展的，其学习理念同样也会逐渐变化。在以前，外语教学的理念就是发展学生的语言能力，让学生掌握基本的语音、词汇、语法、句法，学生只要对这些知识有了充分的掌握，就会自觉学会运用，流利地使用这门语言进行沟通与交流。然而，现实情况往往与人们想当然的局面大相径庭，而这种理念引导下的教学产生的弊端也越来越大。

20 世纪七八十年代，西方国家涌现出大量的移民，美国、新西兰、加拿大等国家都是如此，在这一情况的影响下，语言学领域的研究者以及作为一线工作者的教师对语言学习的传统模式有了很大的意见，他们的理念开始发生转变。这些人认为，学生只掌握语言的语音、词汇、语法等知识并不能真正地学会这门语言，更不意味着可以流利地开口交流，甚至不能利用自己所学的这门语言在社会上谋生。

随后，学者以及教师开始将语言能力看作交际能力的一个组成部分。有的学者认为，交际能力是语言学习者与他人利用语言这门工具所进行的信息互动，进而生成一种有意义的能力，这种能力区别于做语法、词汇知识选择题的能力。然而，学习者如果想要获取更加高级的交际能力，就必须对所使用语言的社会环境、文化环境有一定的了解。社会语言能力往往指的是使用语言的人在不同的场合与环境中运用语言的能力，这一能力涉及的层面有：①语域，即正式语言或非正式语言的使用。②用词是否恰当。③语体变换与礼貌策略等。

（二）口语学习的原则

1. 先听后说原则

在语言技能中，听和说相辅相成，听是说的基础，俗话说"耳熟能详"，只有认真听、反复听、坚持听，才能最终说一口流利的外语。因此，口语学习应当坚持先听后说原则，即教师首先应注意加强学生听的能力，其次才是说的能力。只有坚持先听后说原则，才能帮助学生掌握正确的发音，为训练口语能力打下良好基础。

2. 内外兼顾原则

口语能力的提升需要大量的练习，但口语课堂教学时间是有限的，学生的口语表达能力不可能在有限的课堂时间内得到锻炼和提升，还需要充分利用课外时间。对此，学生在开展口语学习时，应遵循内外兼顾原则，即将课堂教学与课外活动相结合，全面提高自身的口语能力。在课堂教学练习的基础上，学生应开展相应的课外活动，可以将课堂上所学习的知识在课外活动中进行充分实践，从而达到复习、巩固知识的目的。

此外，学生在课外活动中还可以运用课堂上所学习的理论知识，将知识内容转化为技能。与课堂活动相比，课外活动的氛围比较轻松，学生的心情也会更愉悦，在这种放松的心情下来练习口语将会取得令人意想不到的效果。在课程结束之后，学生以小组为单位来完成作业，通过相互讨论小组任务，可以帮助他们提升自身的口语能力。

3. 科学纠错原则

学生口语能力的锻炼需要学生不断说，而学生在说的过程中难免会出现各种问题，有些教师不注意纠错的方式，一旦发现学生表达有误，就打断学生进行纠错，这样不仅会打断学生的思路，还会挫伤学生的自信心，更会使学生失去说的勇气。对此，教师应遵循科学纠错原则，即对学生表达过程中出现的问题加以区别对待，根据学生的性格和所处的场合分别处理。这样既能避免影响学生的积极性，也能使学生认识到自己的错误并自行加以改正。

二、口语学习的重要性

中国学生学习外语普遍存在的问题就是听说能力差，听说已经成了学生语言学习中最致命的弱点之一。

课堂教学基本上还是以传统的语言教学为主，只注重知识的单纯传递和灌输。传统教学以教师为中心，教师做学生的主宰，课堂上基本形成教师一言堂的局面，影响课堂教学的开展。传统教学方法重视语言结构的分析与操练，忽视语言能力的培养，学生只能充当教学活动的客体，被动接收信息，被动回答"yes or no"之类的问题。因此，这种传统的教学方法造成了学生听不懂、说不出的情况。

有些学生在学习的早期阶段没有接受过口语训练，后来开始接受口语训练时，自然会感到不知所措。由于听懂的内容很少，也就产生了紧张、急躁的心理，不敢张口，越紧张越不敢张口说，造成恶性循环，学习不见进步，从而失去兴趣。

上述情况说明了口语学习对于语言学习者而言是非常有必要的，是语言学习过程中不可或缺的一个环节。

三、需求分析中的学习者口语问题

（一）思路不明确

思路不明确是学习者口语学习过程中常遇到的一个问题。在口语练习过程中，学习者会存储一定量的信息，并组织信息进行表达。但在实际表达过程中，学习者的思维常会受到限制，尤其是遇到一些生词的时候，就无法判断要说的词汇和内容，在短时间内不能有效找到合适的句式来表达自己的思想。所以，思路不明确也会影响学习者的口语技能。

（二）存在心理障碍

具有心理障碍，是当前学生在外语口语教学中存在的重要问题。这种心理障碍具体表现为自信心不足，存在焦虑情绪。这种焦虑现象的存在必然会对学生的口语学习造成影响。

（三）口语练习手段单一

现在学生练习口语的手段依然十分单一，学生通常是在课堂上按部就班地练口语，或者是找外教练习口语，这对学生口语水平的提高并不利。实际上，随着社会的发展和知识的更新，大量的口语 App 诞生并广泛运用，各大院校也建立了自己的英语自主学习平台，这为学生的口语锻炼创造了条件。学生可以充分利用这些资源来练习口语能力，而不必拘泥于传统的学习方式。

四、口语策略与具体技巧

（一）利用课外活动练习口语

外语课程的课堂时间十分有限，学生仅仅依靠课堂上的学习时间往往很难满足自身学习任务的要求，所以教师应该引导学生自动利用身边一切可以利用的时间和环境来练习口语。在课外，学生学习的知识可以作为课堂教学内容的补充,如果教师能够利用丰富的第二课堂,即课外活动,那么学生自身的口语能力提升速度也是可以预期的。例如,英语教师可以组织学生进行英语演讲、英语作文比赛、英语短剧表演等,让学生将自己的表演录成视频,在多媒体教室播放,学生通过观看视频来提出自己的建议与评价,这可以在短时间内提升学生的英语口语能力。此外,有条件的教师还可以邀请一些外籍教师为学生进行课外讲座,或者创办外语学习期刊,设立外语广播站等,让学生在丰富自己课余生活的同时也能体会到口语练习的乐趣,从而更加热爱口语学习。

(二)利用电视剧学习口语

大学校园中,外国电视剧十分流行,深受学生的喜爱。实际上,外国电视剧并不仅是一种消遣方式,还是帮助学生认识外国文化、提高口语表达能力和交际能力的重要途径。对此,教师可以通过外国电视剧来开展口语教学,以改善口语教学环境,激发学生的学习兴趣,锻炼学生的口语表达能力。

1. 选择合适的电视剧

外国本土电视剧通常语言地道、故事情节生动、富有吸引力,是一种有利于激发学生兴趣的学习资料。外国电视剧类型丰富,题材各异,不同类型的电视剧对学生的口语能力所发挥的作用也不相同,因此在运用外国电视剧开展口语教学时,教师要对其进行筛选,选择有利于发展学生口语水平的电视剧。此外,教师还要提醒学生不要只沉浸在对电视剧的欣赏中而忽视对剧中语言知识和文化背景的学习,鼓励学生带着学习动机来观赏外国电视剧。

2. 开展层次性的反复训练

在运用外国电视剧进行口语教学时,教师应遵循循序渐进原则,开展反复性的练习,逐步提升学生的口语能力。例如,在首次观看的时候,教师要引导学生将精力放在剧情上;在第二次观看时,教师可以引导学生对剧中的表达和语法等进行推敲;第三次观看时,教师可引导学生重点对人物说话的语气以及台词所隐含的内容进行挖掘和分析。分层逐步开展教学,可以有效加深理解和记忆,对提高学生的口语能力十分有利。

3. 关闭字幕自主理解

在看外国电视剧时,很多学习者习惯看字幕,脱离字幕将无法正常观看影片,实际上这样观看电视剧对提高口语表达能力并不利。在观看外国电视剧时,学生应对台词形成自己的理解,在不偏离剧情中心思想的情况下抛开字幕自主理解,可以有效锻炼外语交际思维。

4. 勇于开口模仿

学生要想通过外国电视剧切实提高口语交际能力,就要在听懂台词、了解剧情的基础上开口说，即对剧中人物的台词进行模仿。只有不断地开口练习，才能培养外语语感，增加知识储备，进而提高口语交际能力。总体而言，采用外国电视剧来辅助外语口语教学能有效提升学生的听说能力，还能提升学生的写作能力，进而培养学生的跨文化交际能力。

（三）利用课堂活动练习口语

口语学习的目的是进行实际交际，所以学生只有在真实的情境中开口说外语，才能使自己的口语能力得到锻炼。对此，教师可以采用情境教学法开展口语教学，即创设真实的情境，让学生在真实的环境下学习口语。具体而言，教师可以通过角色表演和配音两种活动来创设情境，锻炼学生的口语能力。

1. 角色表演

教师可以根据教学内容让学生进行角色扮演，将主动权交给学生，让学生自主分工、自行排练，然后进行表演。这种方式深获学生喜爱，不仅能缓解机械、沉闷的教学环境，还能激发学生说的兴趣，让学生在真实的社会场景中进行社交活动，锻炼口语能力。当学生表演结束后，教师不要急于评价学生，应先给学生一些建议，然后再进行点评和总结。

2. 配音

配音是一种有效锻炼学生口语能力的方式，教师可以充分利用配音活动来提高学生的口语水平。具体而言，教师可以选取一部外语电影的片段，先让学生听一遍原声对白，同时向学生讲解其中的一些难点，然后让学生再听两遍并记住台词，最后将电影调至无声，让学生进行配音。这种方式可有效激发学生开口说的积极性，而且能让学生欣赏影片的同时锻炼口语能力。

（四）利用移动技术练习口语

随着科技的发展，移动通信技术开始蔓延至人们生活的各个方面，并且为人们提供了生动的、不受时空限制的交流方式。移动信息技术在教学领域也发挥着重要的作用，很多学者开始将其与口语教学相结合，来提高口语教学的效率。移动通信技术为学生的口语练习提供了全方位的支持，扩大了学生接触地道外语的途径，而且实现了课内与课外的连接。

1. 课前自学

在课前，教师会将课本中的内容要点制作成长度适中的视频短片，然后通过不同的方式传递给学生让学生学习。学生获得视频之后，可以根据自己的情况选择恰当的时间和空间进行自主学习。

2. 教师讲解

在学生课前自主学习的基础上，教师在课堂上重点就一些词汇、句式和语法项目进行讲解。讲解的过程不似传统课堂那样枯燥，而是结合视频资料，解决学生学习中的主要问题，同时为学生示范，引导学生不断练习。在此过程中，学生可以进行大量的口语练习活动，口语水平会得到提升，而且能够加深对学习材料的认知程度。

3. 课堂互动

口语能力的提升需要学生互动和交流，因此在教师讲解之后应安排课堂互动活动。互动的形式要灵活多样，可以是师生互动，也可以是生生互动。这样可以创造轻松、愉悦的学习氛围，为学生提供锻炼口语的机会，使学生敢于开口用外语进行交流。

4. 课后的移动式合作学习

课堂教学时间是有限的，课堂教学只能引导学生对新知识进行初级的认知与练习。要想在真实情境中对语言进行更深层次的运用，则必须依靠课后的时间。教师可以本单元的主要内容与知识点为依据，为学生安排开放式的真实任务，以此来引导学生通过合作方式进行口语交际，使他们在探索语言运用方式的过程中扩展新知识，并在发现问题、分析问题、解决问题的过程中培养创新思维。

第六章

基于需求分析的读写译学习策略

在外语学习中，阅读、写作、翻译是基本的技能，在外语学习中有着非常重要的地位和作用。掌握一定的阅读、写作、翻译策略，有助于全面提升学习者的阅读、写作、翻译水平。本章就从需求分析入手，分析读写译学习策略。

第一节 阅读学习与需求分析

一、阅读简述

（一）阅读活动

阅读是人类社会的一项重要活动，这项活动是随文字的产生而产生的。正是由于有了文字的存在，人们才可以把语言的声音信息转化为视觉信息，并把它长期保持下来。这样就突破了语言在时间上和空间上的限制，使人类社会所积累起来的经验能够系统地保留和传播。在现代社会中，不仅学习者的学习离不开阅读活动，社会生活的各个方面也都离不开阅读活动。

阅读活动的性质可以从以下几方面理解。

1. 阅读是以书面材料为中介的特殊的交际过程

阅读是作为一种特殊的交际方式而存在的社会现象，作者-文本-读者三极是构成这个过程的三个基本要素。在这个过程中，读者不仅要透过文本去发现、理解作者要表现的世界，而且要通过与作者在情感、理智上的对话和交流，实现意义的生成及主体自我的创造与重构。

2. 阅读是读者从书面语言符号中获取意义的认知过程

通过阅读，读者可以把外部的语言信息转化为内部的语言信息，将文本所蕴含的思想转变为自己的思想，从而不断地丰富和完善自己的认知结构。

3. 阅读是人类社会的一种语言实践行为

阅读是主体感受、理解文本、建构与创造意义的过程。

4. 阅读是一种复杂的心智活动过程

在阅读活动中，读者先要运用视觉感知文字符号，然后通过分析、综合、概括、判断、推理等思维活动对感知的材料进行加工，把经过理解、鉴别、重构的内容融入原有的认知结构之中，而且这种思维活动要贯穿阅读过程的始终，必须凭借全部的心智活动及特定的智力技能才能完成。

(二) 阅读理解

在语言学习过程中，阅读能力一直都发挥着重要的作用，因此很多国家都十分重视阅读。例如，美国做过"美国阅读动员报告"，英国启动了"阅读是基础"运动，两国还投入了大量人力和财力来推动国民阅读能力的培养。在中国教育教学中，阅读能力也深受重视。关于阅读的定义，不同的学者发表了不同的看法。

纳托尔对阅读的理解总结为三组词：①解码，破译，识别。②发声，说话，读。③理解，反应，意义。"解码，破译，识别"这组词重点关注阅读理解的第一步，也是十分关键的一步，读者能否迅速识别词汇，对于阅读读者而言有着重要的影响。"发声，说话，读"是对"朗读"这种基本阅读技能的诠释，这属于阅读的初级阶段。朗读是将书面语言有声化，在各种感官的共同作用下加快对阅读内容的理解，这有助于语感的培养。通常，随着阶段的提升，读的要求会从有声变为无声。"理解，反应，意义"强调阅读过程中意义的理解与交流。在这一过程中，读者不再是被动接受阅读材料中的信息，而是带着一定的目的，积极地运用阅读技巧去理解阅读材料的主要信息。

埃伯索尔德认为，读者和阅读文本是构成阅读的两个物质实体，而真正的阅读是二者之间的互动。

王笃勤指出，阅读是一项复杂的认知活动，是读者提取文本中的信息并与大脑中已有的知识结合，从而建构意义的过程。读者理解阅读文本的过程中主要涉及三种信息加工活动，分别是对句子层面、段落或命题层面、整体语篇结构的分析活动。

由上述定义可以看出，很多学者都认为阅读涉及读者和阅读文本，并且认为阅读是这二者之间的交流互动。简单而言，阅读就是读者积极运用已经掌握的语言知识和背景知识等对语言材料进行处理，同时获取信息的过程。

(三) 阅读模式

关于阅读的模式，不同的学者有着不同的理解，基于对阅读不同的理解，人们提出了以下四种阅读模式。

1. 自下而上模式

自下而上模式，又称"文本驱动模式"。在这种模式中，阅读是读者由低层到高层、自下而上、被动地对文本进行解码的过程。这种解码过程具有一定的次序，是读者从简单的认读字母、单词词汇出发，继而对句子、段落进行分析，最后达到对语篇的整体理解。受这种阅读模式的影响，传统的外语阅读教学侧重语言基础知识的学习，注重对教学中词汇和长难句的分析，而忽视了对文章整体性的把握，最终导致学习者无法准确理解文章的含义。这种教学方式不利于学习者对文化的学习，也会对学习者的阅读理解造成文化障碍，无法激发学习者的学习兴趣。

2. 自上而下模式

自上而下模式，该模式认为，阅读时基于已有知识不断进行预测、验证或修正的过程，是读者与作者相互交流的过程。基于该模式，阅读不再是从低层次的词、句出发，而是从较高层次的语境出发，来推测整个语篇意义。读者在阅读过程中会积极调动已有的经验和知识，结合文章内容来推断作者意图，继而在阅读中不断对自己推断加以验证和修正。受这种教学模式的影响，阅读教学侧重于对学习者阅读速度和推测能力的培养，主张提高学习者的阅读效率。但该模式下的阅读教学过于强调学习者已有的知识，而忽视了教学中的语言知识的积累，进而会造成阅读理解上的障碍。

3. 图式驱动模式

图式驱动模式，该模式认为阅读是一种心理猜测过程，整个过程都在围绕猜测进行。与文本驱动模式的区别是，该模式认为阅读过程涉及两个方面，即文本和读者。在文本阅读过程中，读者运用已有的话题知识、语篇知识、文化知识等来理解正在阅读的材料和猜测接下来将要阅读的材料。

4. 交互阅读模式

交互阅读模式，该模式认为阅读是一种交互过程，这种交互包含两个方面。一方面是读者与文本的交互，另一方面是文本驱动与图式驱动的交互。该模式既注重语言基础知识，也注重背景知识在阅读中的作用。并且认为，只有将解码技能与图式相互作用，才能完成文本的理解。该模式要求教师在阅读教学中既要重视基础语言知识的传授，又要引导学习者激发脑海中的已有图式，从而促进学习者建构与新知识的联系，提高阅读效率。

二、阅读学习的重要性

随着经济全球化的推进，国与国之间的交往日益紧密，外语在交往中充当了桥梁的作用。基于这样的背景，外语能力成为一项必备能力，而在这之中，为了能够使外语能力得以提升，阅读学习非常重要。具体来说，阅读学习的意义主要表现为如下几点。

（一）有助于扩大词汇量

在外语学习中，词汇如同一栋大厦的砖瓦，如果没有砖瓦，那么建造大厦是不可能的。如果没有词汇，那么学习者是很难进行阅读的。

对单词进行掌握，提升自身的词汇量是很多学习者都关心的问题，也是很多学习者需要解决的问题。根据事实，记忆单词的方式有很多，但是通过阅读来记忆是最好的方式。这种方式不仅可以让学习者通过重复来对记忆进行深化，还可以为阅读提供语境。学习者在记忆单词的同时，能够深刻地理解该单词的搭配情况、使用方法以及语用含义等。

（二）有助于培养语感

简单来说，语感是对语言产生的感觉，是快速理解与判断语言表达方式的能力。语感的强弱对于语言学习有着非常重要的作用，这是因为语言与数学公式不同，很多表达不可能约定俗成，而是需要根据具体的情境来改变。这时候，要想短时间判定语言表达是否规范，就必须依靠语感的作用。

语感的获得不可能是一下子就完成的，而是必须与语言进行接触，并展开持久的训练才可以。在对语感进行训练的多种方法中，阅读学习可以让学习者在不知不觉中提升自身的规范表达，对不同表达形式的感情色彩加以体会，从而理解不同的修辞效果。在这一过程中，学习者的语感会不自觉地提升，并且未感到学习的压力。

（三）有助于外语能力的全面提升

众所周知，除了阅读，听、说、写也都属于外语的重要技能，学习阅读不仅仅对阅读技能的提升非常有用，还对其他技能的提升也有促进作用。

1. 阅读对听的作用

阅读可以为听力提供相关词汇、短语等层面的知识，提高学习者对语言理解的质量与速度。同时，阅读还能为学习者的听力提供知识储备，提高他们在听力理解中的归纳与总结能力、分析与推理能力。

另外，听力是通过发挥听觉的作用来获取信息，是一种短时间内完成的思维活动，而阅读可以通过语感来为这一思维活动奠定基础。

2. 阅读对说的作用

说即口语表达，是一种对信息进行输出的形式，是通过语调、语音等将信息加以传达的过程。在说的过程中，语音、语调的准确决定了说的质量和效果。当然，要想保证说的规范，就需要进行练习，在阅读活动中，朗读可以帮助学习者形成良好的语音、语调习惯，使他们不知不觉地学会语音技巧，从而不断提升学习者说的能力。

3. 阅读对写的作用

阅读是输入手段，而写作是输出手段，二者从这一角度来说是互逆的，因此从本质上看，阅读过程也是对写作进行学习的一种过程。具体来说，在阅读中，学习者可以感知一篇好的文章是如何构思、如何写作的，可以从这篇好文章中的遣词造句中，感受作者的写作手法，体会作者在安排素材时使用的技巧，这都有助于提升自身的写作能力。

三、需求分析中的学习者阅读问题

（一）阅读课外学习缺乏监督

学校的课时有限，因此很多的阅读主要是在课外完成的。虽然教师布置了课外作业，但是由于学习者长期形成的依赖教师的思想，如果教师不抽时间检查学习者的课外作业，学习者很可能就不会认真对待。课堂的阅读量是很小的，加上学习者对待课外阅读不认真，这样一来就很难提高自身的阅读能力。

（二）阅读的动力不足

尤其是从中学进入大学后，学习者摆脱了家长和教师的严格监督，因此大学的学习主要依靠自主性来推动。如果学习的自主性不强，学习者就会浪费大把时间。另外，很多学习者进入大学后一下子松懈了，错误地将考试当作唯一的学习目的，外语阅读的动力明显不足。如果阅读材料的篇幅过长，或者难度过大，学习者就更加没有动力完成阅读。

（三）词汇量和阅读量都小

篇章是由许多词汇构成的。显然，没有一定的词汇量，外语阅读是无法进行下去的。要想提高阅读能力，词汇量是基础，足够的阅读量是前提。在词汇量薄弱的情况下，扎实的阅读技巧是没有用武之地的，是无效的。尤其进入大学以后，外语阅读所要求的词汇量相比于中学阶段有了巨大的增长，并且同义词、近义词繁多，词义之间的区别和差异模糊、难以辨认，这给学习者的学习增加了难度，对学习者的目标要求也就不一样了。外语阅读综合能力的提高，需要学习者在掌握充足的词汇量的前提下进行大量的阅读。当然，词汇量和阅读也是相辅相成的，词汇量是通过阅读加以积累的，而提升的词汇量又进一步推动着阅读的进行。

（四）不爱阅读，不会阅读

很多学习者不想阅读，也不爱阅读，这主要是因为其对外语阅读缺乏兴趣，即使阅读的文章并不难，但他们仍然对阅读提不起兴趣。此外，很多学习者也不会阅读，如单词不会读、句子不会拆分、不会翻译等，即使学习者想要阅读，但不会阅读，也难以有效提升阅读水平。因此，学习者应培养阅读的兴趣，同时学习阅读的方法，这样才能有效提升阅读的水平。

（五）文化背景知识缺乏

现在的外语文章都隐含着一定的外国文化背景，如果学习者不具备一定的外国文化知识，那么在阅读过程中遇到一些具有特定文化内涵的词汇时就难以理解其真实含义，阅读也就无法顺利进行。

四、阅读策略与具体技巧

（一）阅读策略

1. 引导

引导过程的基本任务是确定学习目标，唤起学习者的学习动机。一般包括以下教学内容：预习、解题、介绍有关资料、导入新课。阅读实践中，可以全部运用，也可以只运用其中的若干项。

（1）预习

预习是学习者学习的准备阶段。学习者可以在课前预习，也可以在课堂上进行预习。

（2）解题

课文标题相当于文章的"眼睛"，学习者透过课题可以了解文章的内涵和特点，找到理解课文的纹理脉络。探究课文标题与文章内容的关系，是课文标题直接揭示主题，或者课文标题指示选材范围或对象，或者课文标题直接指示事件，或者课文标题隐含深刻寓意等。

（3）介绍有关资料

介绍有关资料是帮助学习者深入学习和理解课文的基础，包括介绍作者生平、写作缘起、时代背景和社会影响等内容。介绍有关资料也应根据课文特点和学习者学习情况具体而定，可以几个方面的内容都做介绍，也可以有选择地进行介绍。

2. 研读

研读过程是阅读的核心环节，主要是对课文的内容和形式做深入的研读和探讨。根据阅读活动的特点，研读过程一般分为三个阶段：感知阶段、分析阶段、综合阶段。感知阶段是对课文的整体认识，分析阶段是深入课文的具体认识，综合阶段是课文的整体理解和把握。

（1）感知阶段

感知阶段一般包括以下几方面的内容：认识生字新词、课文通读、感知内容、质疑问难。

（2）分析阶段

分析阶段是对课文内容和形式进行深入细致的具体分析研讨，主要包括文章结构分析、内容要素分析、写作技巧分析、语言特点分析、重难点分析。

（3）综合阶段

综合阶段是在分析阶段的基础上进行的，是由局部到整体的概括过程，由现象到本质的抽象过程。综合阶段的教学任务一般包括概括中心思想、总结写作特点等。

3. 运用

运用过程的基本任务就是学习者把分析综合阶段中学得的知识应用于实践，转化为语言能力。转化的途径就是集中训练，一般采用听、说、读、写等多种方法进行。运用是阅读的关键。

阅读过程中有多边矛盾，而核心的矛盾是学习者认识、学习课文的矛盾，其他矛盾都从属并服从于这一矛盾。因此，学习者应有效地认识、学习课文。

（二）阅读技巧

从形式上看，阅读的方式有朗读、默读；从内容上看，则有精读、略读、速读，与这些方式相应的就有其阅读的技巧。

1. 朗读

朗读就是出声的阅读，是通过读出词语和句子的声音把诉诸视觉的文字语言转化为诉诸听觉的有声语言。朗读有助于增强对语言的感受能力，从而加深对文章思想感情的体味理解；可以促进记忆，积累语言材料；有助于形成语感，提高口头和书面的表达能力等。朗读训练的方式主要有：范读、领读、仿读、接替读、轮读、提问接读、齐读、小组读、个别读、散读、分角色读等。对读物可采取全篇读、分段读、重点读等。

2. 默读

默读是指不出声的阅读，它通过视觉接受文字符号后，直接反射给大脑，可以立即进行译码、理解，因此，默读又称"直接阅读"。一般说的阅读能力，实际多指默读能力，因为它在实际学习和生活中运用得最多。

默读训练的要求：感知文字符号要正确，注意字音、字形、词语的搭配和句子的排列；要讲究一定的速度，要学会抓重点；在阅读中学会思考，根据文章的内容，向自己提出问题，解决问题。

根据默读训练的要求，默读训练可着重从下面三方面进行。

第一，视觉功能的训练。主要是扩大视觉幅度的训练，增加一次辨认的字词数量，同时提高视觉接受文字符号的速度，减少眼停次数和回视次数。

第二，默读理解的训练。主要是教会学习者如何调动想象、联想、思维和记忆的作用，以提高理解读物的内容深度和速度。

第三，默读习惯的训练。主要是帮助学习者克服不良习惯，如出声读、唇读、喉读、指读、回读等；使学习者养成良好的阅读习惯，如认真、专注、边读边思，边读边记等。良好的阅读习惯，能够提高阅读效率。

3. 精读

精读是逐字逐句深入钻研、咬文嚼字的一种阅读。

精读训练的基本要求：对读物从整体到部分，从部分到整体，从形式到内容，从内容到形式的反复思考、深入理解；对于阅读材料中的关键词语或句子，要仔细推敲琢磨，不仅要理解其表层的意义，而且要深入领会其言外之意，画外之象；养成边阅读边思考、边阅读边做笔记的习惯，因为只有真正独立思考的主动的阅读活动，才是有效的阅读活动。

为了提高精读训练的有效性，教师在精读训练过程中，要提示精读的步骤和方法，给予适当的引导，使学习者逐步练习，直到完全掌握精读技能、形成熟练的技巧与习惯。

精读训练可以有不同的步骤，各有侧重。具有代表性的精读步骤有以下几种。

三步阅读法：认读—理解—鉴赏。

五步阅读法：纵览—发问—阅读—记忆—复习。

六步自读法：认读—辨体—审题—问答—质疑—评析。

在实施阅读训练的过程中，无论哪一个步骤或环节都需要运用良好的、合适的阅读方法才能保证精读的顺利完成。实际上，精读没有固定不变的步骤和方法，每个教师都可以根据自己的经验和学习者的情况提出训练方案，同时鼓励学习者在实际阅读和训练中，总结出符合个人阅读情况的步骤和方法。

4. 略读

略读是指粗知文本大意的一种阅读，是一种相对于精读而言的阅读方式。略读对文章的阅读理解要求较低，略读的特点是"提纲挈领"。它的优势在于快速捕捉信息，在于发挥人的知觉思维的作用，一般与精读训练总是交叉进行的。

略读训练指导应注意：第一，加强注意力的培养，提高在大量的文字信息中捕捉必要信息的能力，纠正漫不经心的阅读习惯。第二，加强拓宽视觉范围、提高扫视速度的训练。第三，着重训练阅读后用简练的语句迅速归纳材料的总体内容或概括中心意思的能力。第四，注意教给学习者如何利用书目优选阅读书籍，利用书目了解读物全貌，如何寻找和利用参考书解决疑问，以及略读中如何根据不同文体抓略读要点等。

5. 速读

速读是指在有限的时间里，迅速抓住阅读要点和中心，或按要求捕捉读物中某一内容的一种阅读方式。

速读训练的要求：使用默读的方式；扩大视觉范围，目光以词语、句子或行、段为单位移动，改变逐字逐句视读的习惯；培养高度集中注意力进行阅读的习惯；建立每读一遍都有明确的阅读目标的习惯；减少回读；从顺次阅读进入跳读。

速读方法的训练主要有：一是提问法，读前报出问题，限时阅读后，按问题检查效果。二是纪要法，边读边记中心句、内容要点或主要人物和事件等，读后写出提要。三是跳读法，速读中迅速跳过已知的或次要的部分，迅速选取与阅读目的相符的内容，着重阅读未知的、主要的或有疑问的地方。四是猜读法，即根据上文猜测下文的意思，或根据下文猜上文的意思，能迅速猜测出意思的，就不必刻意去读。当然，速读训练应注意根据学习者的阅读基础和读物的难度来规定速度要求。

第二节　写作学习与需求分析

一、写作简述

在人们的日常生活中，经常会用到写作这一技能。关于写作的定义，中外学者从不同的角度出发给出了不同的解释。

瑞密斯认为，写作包含两大功能，一是为了学习语言而进行写作，通过写作，学习者能够对自己所学的语言知识进行巩固，如词汇知识、词组知识以及语法结构知识等；二是为了写作而进行写作。

王俊菊认为写作不仅仅是视觉上的编写行为和书写过程，而是一些包含复杂活动的解决问题的信息加工过程。

尽管不同的学者有着不同的解释，但对写作的本质认识是一致的，都认为写作是写作者运用书面语言来传达思想、交流信息的过程与结果的集合，涉及写作者多方面的知识和技能以及对其意义的传达和信息的加工。

二、写作学习的重要性

写作是语言基本技能的重要组成方面之一，其在外语学习和语言应用方面的作用毋庸置疑。下面对写作学习的重要性进行简要分析。

（一）促进语言生成

对于我国学习者来说，第二语言学习是比较困难的。由于学习者无法与外语的本族语者展开交流，并且缺乏相应的语言使用环境，因此学习者需要付出主观努力。而外语写作对于学习者而言是非常有效的形式。

众所周知，生成语言的主要形式是口语与写作这两个语言输出形式，但是由于我国的学习者在学习外语的时候缺乏语言学习的环境，因此学习者运用口语进行交流的机会很少，而这就使写作成了一项最重要的形式。通过写作，学习者不仅能够对自己的语言表达能力加以提升，同时也有助于他们形成自己的外语思维。这些都是在写作的过程中形成的，最终的目的在于提升学习者的交际能力。

（二）提高学习效率

写作学习是否能够提升学习效率主要是根据写作的特点来考量的。在中国，写作训练是一种非常方便的语言练习形式，同时由于写作这种语言使用活动具有主观性，写作什么时候开始与结束都是由学习者来支配的，因此有助于将学习者学习的积极性激发出来。

正是因为写作具有这些特点，才能不断提升学习者学习的效率，甚至对他们的学习活动展开产生影响。随着学习者语言学习观念的进步与发展，以学习者为中心的理念得到了广泛的推广，外语写作学习正与这项模式相符合，这有助于提升学习者的外语学习自主性，发展其独立思考与解决问题的能力有着重要的促进作用。

三、需求分析中的学习者写作问题

（一）语言质量不过关

我国的很多学习者在使用外语写作文的时候往往不会使用地道的外语表达方式，所写出的句子存在大量语法错误，甚至还有很多单词也都拼写错误。第二语言与汉语必然存在很大差异，如英语词汇在词性、用法、词义、搭配等方面都有自己的鲜明特点，要是学习者按照汉语的逻辑思维来组织英语作文，那么显然就会出现各种语言知识点层面的错误。

（二）中式外语现象严重

中国学习者长期生活在汉语的环境下，受中国传统文化的影响比较深刻，也形成了相对固定的汉语思维习惯。然而，外语思维与汉语思维存在较大差异，汉语思维自然会影响到学习者的外语学习进程，并且往往会带来各种消极影响。"中式英语"就是其中的一个典型例子，很多学习者使用汉语的表达方式来写英语句子，所写出的句子往往词不达意，呈现出中式思维习惯，这一现象所带来的后果是比较严重的。

四、写作策略与具体技巧

（一）写作策略

1. 自由写作

自由写作就像是一个开启思维情感的闸门，是一种思维激发活动。其主要目的是克服写作的心理压力，激发思维活动和探索主题内容。

（1）寻找写作范围

在进行自由写作时，首先要确定写作范围。将头脑中能想到的内容都写下来，这些内容看似无用，但仔细品读就会发现，这些杂乱甚至毫无联系的句子隐含着自己最为关心的情绪，只是隐藏在思想深处，难以注意到。这样就可以确定一个代表着自己真情实感的写作范围，并找到最为闪亮的句子或词语，为接下来的写作奠定基础。

（2）寻找写作材料

在确定写作范围后，就要寻找写作素材。在特定的范围内开展自由写作，尽管还是有所约束的写作，但是要放松地进行。在停笔之后，通读所写的文字，分门别类地整理这些写作的材料，提炼出文章的基本线索和层次结构。

（3）成文

在两次自由写作的基础上，构建真正属于自己的完整文章。前两个阶段的自由写作实际把构思过程通过文字语言给外化了，是对构思过程的一种自由解放，在无束缚的环境中发挥出写作主体的创造性和能动性。

2. 模仿写作

这是最常用的写作教学方法，即采取已有的形式，利用原有的语言材料，学习者可以加上自己的思想进行写作。模仿是学习写作的基本途径，因而要重视范文的作用。其结构主要包括仿写、改写、借鉴、博采四个依次递进的层次。

仿写就是按照范文的样子（包括内容）来"依样画葫芦"的训练。主要有仿写范文一点的点摹法和仿写全篇的全摹法两种形式。

改写是对范文的内容或形式进行某种改动，写出与原作基本一致而又有所不同的新作的训练方式。包括缩写、扩写、续写，变形式改写和变角度改写等几种形式。

借鉴是吸取范文的长处，为我所用，来写出有新意的文章的训练手段。具体方式有貌异心同、词同意不同和意同词不同三种。

博采是博采百家之意，训练学习者从多篇文章中吸取营养，经过一番咀嚼、消化，然后集中地倾吐出来，写成自己的文章。这样，就已完成了从模仿到创造的过渡任务。

3. 单项作文

单项作文就是通常所说的小作文，主要是针对学习者在写作过程中出现的具体环节进行局部或片段训练。例如，学习者的作文普遍存在命题随意或题目不新颖的问题，因此教师就可以进行"让作文题目亮起来"的专门针对题目的训练。又如，学习者的作文中只是叙述，缺少生动的描写和有深度的议论性语句，教师就可以进行表达方式的综合运用的训练，让学习者将叙述、描写、抒情、议论放在一起做综合训练，或者直接针对作文的立意、命题进行训练，对于提高学习者作文的文采进行训练，等等。这种训练针对性强，一次作文解决一个问题，目的明确，篇幅短小，易操作，见效快。

（二）写作技巧

在写作教学中，记叙文、议论文和说明文是最常见的三种文体，这里就它们的写作技巧进行分析。

1. 记叙文写作

记叙文是写人、叙事、状物的文章。记叙文包括通讯、特写、游记、回忆录等。在课本中，记叙文所占的比重很大，作文选择记叙文的也很多，因此教师需要做好记叙文的写作教学设计。

一般来说，以叙事为主的记叙文多用现实生活中发生的、真实的、有一定意义的具体事件作为叙写对象。从理论上讲，可以是社会生活的事件，也可以是日常生活的事件，还可以是自然界的事件。因此，有人把记叙文的表现对象局限于"社会生活的典型事件"，这是不太恰当的。不过社会生活的典型事件确有其优越性，一是典型性，因其典型性而有普遍意义，这样就赋予了"事件"现实意义；二是社会性，并因其社会性而受到人们的热切关注，这样就赋予了"事件"以社会价值。

教师在设计记叙文写作教学时要体现教学大纲的要求，要把握记叙文的特点，要考虑到学习者的实际水平和接受能力。其教学设计形式应该是多样的，可以是常规型的，也可以是探索型的；可以简约，也可以详尽。总之，要有实用价值，要体现教学改革的精神。例如，教师让学习者以"今天中午"为题叙述自己的所见所闻，学习者在叙述的过程中可能会提到许多画面，教师就要引导他们将其在不同画面中的听觉、视觉、感觉表达出来，同时引导他们掌握叙述的节奏，如慢节奏的温馨午餐、快节奏的运动活动等。

2. 议论文写作

议论文写作要求作者通过摆事实、讲道理，直接表达自己的观点和主张。在议论文中，作者对客观事物进行分析、评论，以表明见解、主张、态度，文章结构通常由论点、论据、论证三部分构成。议论文写作教学比重虽然比不上记叙文写作教学，但也是语言教学的一个组成部分。因此做好议论文写作教学设计十分必要。

一般来说，议论文写作教学设计首先要做好教师启发工作。学习者生活在一定的社会环境中，每天都要接触许多人，遇到许多事，听到许多议论，有令人满意的，也有不尽如人意或令人气愤的。同时，他们平时可能获得某些成功，也可能遇到某些困难或失败，这些都会使他们产生种种感受和看法，教师就需要学会启发他们思考。例如，用一些值得议论的典型事例或现象让学习者思考，并让其把自己的思考用文字的形式表达出来，最后写成文章。

考虑到议论文中，学习者表达观点需要一定的论据支持，教师也要在教学设计中引导学习者找到论点和论据。由于大部分学习者的身心发展还不成熟，因此议论水平不会太高，教师要注意不要设置太高的论点，以适应学习者的实际水平。

3. 说明文写作

说明文是以说明某种事物或某种过程为写作目的的一种写作形式。要写好说明文首先要对被说明的对象有充分的认识和了解，分析、比较这一事物和另一事物之间的不同点，把握事物的特点，然后紧紧抓住这一特点加以说明，只有这样，才能把事物说得明白清楚。例如，以"我们的学校"为题就要写出自己学校与其他学校的不同之处，切忌泛泛而谈。

教师在设计说明文写作教学时，应注意说明文需给人以知识，所以学习者必须对文中所要传授的知识有所了解，这也是合理安排顺序的前提。如果对泰山没有比较丰富的知识，自己也没有仔细游览过，即使掌握了关于空间顺序或者时间顺序的技巧，也不可能给人以真正的知识。阐释事理亦然，如果对事物本身的逻辑关系若明若暗，也就无从安排逻辑顺序了。

此外，说明文和记叙文、议论文都有条理性即顺序安排的问题。记叙文中的时间顺序安排，应用极其广泛，写说明文时可有目的有选择地进行借鉴。另外，记叙文中涉及写景和游记类文字中经常有方位安排的技巧，可在说明文中运用。议论文以说理为主，根据事物之间的逻辑关系进行判断推理，和事理说明文中逻辑顺序的安排也有相通之处。

第三节　翻译学习与需求分析

一、翻译简述

（一）翻译的概念

翻译的概念是翻译理论的基础与原点。翻译理论的很多流派都对翻译进行过界定。人们的翻译活动已经有 2 000 多年的历史了，且对翻译概念的认知也逐渐发生了改变。学者威尔斯说："一部翻译史事实上就是对'翻译'这个词的多义性进行的论战。"从威尔斯的论述中可知，对翻译的理解需要从多个层面进行考量。

1. 翻译的认识过程——从感悟式到通论式

对翻译的认识过程，经历了感悟式、语文学式、文艺式以及通论式这样一个过程。

人们对翻译最初的认识是感悟式的，主要是通过隐喻或者比喻的方式来进行表达。著名学者谭载喜通过对大量关于翻译的比喻说法进行总结，认为翻译主要是由作为行为或过程的翻译本身、作为结果的译文、作为主体的译者构成。从作为行为与过程的翻译本身来说，很多形象说法都对翻译的特点、性质等进行论述。

语文学式是对翻译的进一步认识，在这一层面上，人们往往通过一些简单的话语表达对翻译的看法，这些看法虽然构不成系统，但是也存在着一些真理，甚至有些对后世的翻译研究有着深远影响，如严复的"信达雅"，至今仍被视为翻译工作的一大重要标准。

翻译可以被视作一种对问题进行解决的活动，因为源语中的某一元素可以采用目的语中的某个元素或者某几个元素来处理。之后，由于翻译活动多为文学作品的翻译，因此对于翻译概念的探究主要是从文学层面展开的，因此是文艺式的研究。这类研究强调文学作品的审美特征，并将文学翻译的本质特征揭示出来。文艺式的翻译主要是针对文学这一语体来说的，将那些非文学翻译活动排除在外，所以缺乏概括力。

进入 20 世纪中期，人们认识到无论是文学翻译还是非文学翻译，语言的转换是必须的，因此就语言学角度对翻译进行界定是最具有概括力的，能够将不同的翻译类型揭示出来，也开启了现代意义上的翻译研究。将传统对翻译的界定转向翻译的通论研究，将传统对文学翻译的研究转入翻译专论研究，这就是通论式阶段。从整体上说，通论式翻译研究对于翻译的普适性是非常注重的，因此其概念也更为大众化。

2. 翻译的任务——源语文本的再现

在翻译的定义中经常会出现"意义"一词，其主要包含翻译的客体，即"翻译是什么?"应该说，"意义"相比费奥多罗夫的"所表达出的东西"，更具有术语性，用其解答什么是翻译的问题是翻译学界的一大进步。但是也不得不说，有时候运用"意义"对翻译进行界定会引起某些偏差，因为很多人在理解意义时往往会受到结构主义语言学的影响，认为语言是有着固定、明确的意义的。但就实际情况来说，语言的意义非常复杂。

著名语言学家利奇指出意义具有七大类型，同时指出"我不希望给人留下这样的印象，即这些就是所有意义的类型，能够将所传递的一切意义都表达出来。"利奇使用 sense 来表达狭义层面的意义，而对于包含七大意义在内的广义层面的意义，利奇将其称为"交际价值"，它们对于人们认知翻译十分重要。换句话说，源语文本中的这种广义层面的意义实际上指代的都是不同的价值，将这些价值结合起来就是所谓的总体价值。

很多学者指出，如果不将原作的细节考虑进去，就无法来谈论原作的整体层面。但是需要指出的是，原作的整体不是细节的简单叠加，因此从整体上对原作进行考量，并分析翻译的概念是十分必要的。

王宏印在对翻译进行界定时指出："翻译的客体是文本，并指出文本是语言活动的完整作品，其是稳定、独立的客观实体。"但是，原作文本作为一个整体如何成为译本呢? 作者认为，美学中的"再现"恰好能解释这一过程。

在美学中，再现是对模仿的一种超越。在"模仿说"中，艺术家的地位是不值得提出来的，他们不过是在现实之后的一种奴仆，他们的角色如镜子一样，仅仅是对现实的一种被动的记录，自己却没有得到任何东西。换句话说，在"模仿说"中，艺术品、艺术表现力是不值得提出来的，因为最终对艺术品进行评论，都是看其与真实事物是否相像。实际上，"模仿说"并未真实地反映出艺术创作的情况，很多人认为模仿的过程是被动的，但是在这种看似被动的情况下，也包含了很多表现行为与艺术创造力，其中就包括艺术家的个人体验与个人风格。同样，即便是那些不涉及艺术性的信息类文本，其翻译活动也不是模仿，而是译者进行创造的过程；对于那些富含艺术性的文本，"模仿说"就更是无稽之谈了。最终，模仿必然会被再现替代。

用"再现"这一术语对翻译概念进行说明，可以明确地展现翻译的创造性，可以将译作的非依附性清楚地表现出来。因为再现与被再现事物本身并不等同，而是一个创造性的艺术表现形式，同时再现可以实现译作替代原作的功能。

（二）翻译的特点

随着国与国交往的日益频繁，翻译在国际交往中扮演着非常重要的角色。而在跨文化交际的过程中，翻译也呈现了自身的特点，具体表现在社会性、文化性、创造性与符号转换性上。

1. 社会性

翻译活动具有社会性，这主要是因为翻译活动对于国与国之间的交流起着巨大的作用。具体来说，表现为如下三点。

首先，翻译的社会性体现在交际性上。翻译能够打开人们的思想和心灵，而交流是人们能够理解的前提与基础，理解则是人们思想从窄到宽的动力。学者邹振环指出，中国古代的翻译工作虽然不能说尽善尽美，但是确实对当时的社会交往起着非常重要的作用，有助于推进社会文化的进步与发展。当然，翻译的这种影响分为积极的影响和消极的影响，也有正面的影响和负面的影响。

其次，翻译的社会性体现在民族精神与国人思维上。对于这一点，可以从鲁迅的翻译经历体现出来。鲁迅的翻译经历分为三个重要时期。第一个时期是鲁迅在日本留学的时期，他翻译了法国作家凡尔纳的科幻小说《月界旅行》以及雨果的《随见录》，并且还编译了两本小说，在这一时期，鲁迅的思想是偏向于弱者的。第二个时期是鲁迅思想的转变时期，从民主主义思想转向共产主义思想，受当时形势的影响，鲁迅翻译了《文学与革命》等一些类似的文章。第三个时期是鲁迅最辉煌的时期，这一时期鲁迅彻底地转变成一名共产主义者，因此为了革命的需要，鲁迅翻译了一些战争作品。从鲁迅的三个翻译时期可以看出，翻译推动了他奔向革命浪潮，因此翻译有助于塑造国人的精神与思维。

最后，翻译的社会性体现在对社会重大政治活动的影响上。例如，对易卜生的《玩偶之家》的翻译，让国人意识到中国妇女应该解放出来，也使得中国社会发生了巨大变化。

2. 文化性

翻译对世界文明进步与发展的促进作用巨大，而社会的发展又与文化有着紧密的关系，因此翻译的社会性中其实也渗透了翻译的文化性。

著名学者季羡林这样说道：只要交谈双方具有不同的语言文字，不管是在一个国家，还是在一个民族，都需要翻译的参与，否则彼此就很难进行沟通，文化也很难进行交流，人类社会也无法向前迈进。从季羡林的观点中可以看出，翻译需要民族之间的交往，而在交往中必然会涉及文化内容与信息。

3. 创造性

翻译具有创造性。传统的翻译理论认为翻译仅仅是两种语言之间的转换，其实不然，因为从翻译的社会性与文化性中可以明显看出翻译的创造性。

首先，从社会角度来说，翻译是为了语言之间的交流，是为了传达思想，而思想是开放的，是翻译创造性的前提和基础。

其次，从文化角度来说，翻译中将文化因素导入，是为了激活翻译中的目的语文化，这实际也是在创造。

最后，从语言角度来说，为了能够传达新事物、新观念，创造是必须的，翻译当然也不例外。

在郭沫若看来，好的翻译就等同于创作，甚至可以超过创作。翻译工作是非常艰苦的工作。在创作过程中，译者需要具备足够的经验，除了要熟悉本国语言，还需要熟悉他国语言，这一难度甚至可以超过创作。因此，翻译是一种艺术，是一种创造性艺术。

茅盾也指出，文学翻译与文学创作有着同等重要的地位。中国近现代社会实际上是一个充满矛盾的社会，很多人认为翻译等同于临摹，认为译者与创作者是无法比拟的。针对这一问题，茅盾多次进行了批评。在茅盾看来，翻译的困难与创作是一样的，甚至比创作更难。因为要想翻译一部好的作品，首先就需要把握作者的思想，进而找寻作者写作的美妙之处，从而将自己带入到作者的作品之中，感受作者笔下的妙处。

二、翻译学习的重要性

翻译就是将某一文化背景下的语言文字的意义用另一种语言文化表达出来的过程。翻译是一门艺术，是一种创造性活动。对学习者而言，翻译的学习有着重要的意义，它能促进学习者个体的发展，也能使学习者借助翻译促进社会的发展。以下就对翻译学习的重要性进行详细论述。

（一）使学习者具备一定的翻译能力

一般情况下，翻译能力不仅包含双语能力，还包含非语言能力、翻译专业知识、专业操纵能力、心理生理素质。双语能力，即两种语言的词汇能力、语法能力、语言运用能力。非语言能力，即对知识进行表述的能力。翻译专业知识，即翻译的实践能力。专业操纵能力，即对翻译问题进行有效解决的能力。心理生理素质，即认知能力、认知机制。通过翻译学习，学习者就可以掌握翻译能力。

（二）能进一步促进学习者对其他语言技能的掌握

翻译能力的掌握又能进一步促进学习者对其他语言技能的掌握，并且也能为将来步入社会之后有效地展开工作奠定基础。众所周知，语言技能中的听、说、读、写、译是紧密相关的，所以翻译能力与听、说、读、写的能力是相辅相成的。通过大量的翻译练习，学习者可以从中获取众多的语言知识，而且通过双语互译能使学习者更加熟悉外语思维，熟练地使用外语思维，外语思维的加强能更有效地提高学习者的听、说、读、写能力。此外，掌握扎实的翻译能力也能为学习者将来的工作打下基础。具备了扎实的翻译能力，学习者在进入社会参加工作后就能全面提高自己在工作中的效率。

三、需求分析中的学习者翻译问题

（一）双语能力薄弱

翻译涉及两种语言的转换，所以要想有效进行翻译，就要具备双语能力。所谓双语能力，就是两种语言沟通所需要的程序性知识，包括两种语言的语用、社会语言学、语篇、语法和词汇知识。在翻译文本中，双语能力主要体现在一定语境下的翻译能力，如连贯与衔接、语法差异等方面。但由于学习者普遍缺乏语境知识，双语能力薄弱，译文常会出现连贯性不强、语法错误较多等问题。

（二）语言外能力不足

翻译涉及的内容和主题十分广泛，除了要具备翻译技能外，还要具备语言外能力，即关于世界和特定领域的陈述性知识。具体而言，语言外能力包括源语文化知识和目的语文化知识，也包括百科全书知识，还包括其他领域的学科知识等。但大部分学习者在语言外能力上有所欠缺，文化知识的翻译表现不佳。例如：

我小的时候特别盼望过年，往往是一过了腊月呀，就开始掰着指头数日子，好像春节是一个遥远的、很难到达的目的地……

I felt particularly expected to celebrate the New Year when I was a child. After the end of Lunar December，…

源于文化知识的欠缺，学习者在翻译"腊月"一词时，误译成了 the end of Lunar December，其中 Lunar 一词的确有"阴历"的意思，但不是中文"腊月"的意思。

四、翻译策略与具体技巧

(一) 翻译策略

1. 归化策略

归化策略是以目的语为中心，主张将用目的语来代替原文中相异于目的语的要素，从而确保译文通俗易懂。在采用归化策略时，译者会以目的语读者为中心，常采用自然流畅的本族语言来进行翻译。这种翻译策略可使译文更加生动地道。例如，"The man is the black sheep of family"，如果直译为"那人是全家的黑羊"会使人非常迷惑，但译为"害群之马"，其意思便十分明了。

2. 异化策略

异化策略是指译者尽可能不打扰作者，而是让读者向作者靠拢，即译者对源语文化进行保留，并尽量向作者的表达贴近。受不同思维方式与文化背景的影响，不同民族对同一事物的认知存在明显的差异。译者在对具有丰富历史色彩的信息进行翻译时，应尽量保留其文化背景知识，而采用异化法有助于传递源语文化，保留异国情调。

3. 归化与异化互补策略

归化策略与异化策略相互对应，二者均有自己使用的范围。但有时在翻译文本时只采用一种翻译策略是很难译好文本的，还需要将两者互补并用，才能更好地进行翻译。

归化策略和异化策略二者并不矛盾，而是各具优势，相辅相成。这就需要译者在翻译过程中，根据具体语境综合运用这两种翻译策略，从而使译文既保留本民族文化特色，又便于读者理解。

(二) 翻译技巧

1. 词汇翻译

对于普通词汇的翻译，一般需要考虑词汇的搭配、词汇的词性、词汇上下文关系、词义的褒贬与语体色彩等层面。下面就以英汉翻译为例，具体对这几个层面加以分析。

（1）确定词汇搭配

由于受历史文化的影响，英汉两种语言都有各自的固定搭配。因此，译者在翻译时应多加注意这些搭配。例如：

heavy crops 丰收

heavy road 泥泞的道路

heavy sea 汹涌的大海

heavy news 令人悲痛的消息

浓郁 rich

浓茶 strong tea

浓云 thick cloud

浓眉 heavy eyebrows

（2）弄清词性

英汉语言中很多词汇往往有着不同的词性，即一个词可能是名词也可能是动词。因此，在进行翻译时，译者需要确定该词的词性，然后再选择与之相配的意义。例如，like 作为介词，意思为"像……一样"；like 作为名词，意思为"喜好"；like 作为形容词，意思为"相同的"。下面来看一个例句。

I think，however，that，provided work is not excessive in amount，even the dullest work is to most people less painful than idleness.

然而，我认为对大多数人来说，只要工作量不是太大，即使所做的事再单调也总比无所事事好受。

上例中，如果将 provided 看作 provide 的过去分词来修饰 work，从语法上理解是没有问题的，但意义上会让人产生困惑。如果将其看作一个连词，翻译为"只要、假如"，那么整个句子的含义就很容易让人理解了。

（3）考虑上下文

上下文之间存在着紧密的关联，这种关联构成了特定的语言环境。正是由于这种特定的语言环境，才能帮助读者判定词义，并且衡量所选择的词义是否准确。事实上，不仅某一个单词的意思需要从上下文进行判定，很多时候一个词组、一句话也需要根据上下文来判定意思。例如：

Fire!

火！

上例可以说是一个词，也可以说是一句话。如果没有上下文的辅助或者一定的语境，人们很难确定其含义。其可以理解为上级下达命令"开火"，也可以理解为人们喊救命"着火了"，但是要想确定其含义，必须将其置于具体的语境中。

（4）分析词义褒贬与语体色彩

词义既包含喜欢、厌恶、憎恨等感情色彩，又包含高雅、通俗、庄严等语体色彩。因此，在翻译时需要根据上下文来进行区分，并且将其代表的情感色彩与语体色彩体现出来。例如：

An aggressive country is always ready to start a war.

好侵略的国家总是准备挑起战争。

An aggressive young man can go far in this firm.

富有进取心的年轻人在这家公司前途无量。

显然，通读完上述两句话就可以得知，两句中的 aggressive 的情感色彩是不同的，第一个为贬义色彩，而第二个呈现的是褒义色彩。

2. 句子翻译

在进行句子翻译时，首先要了解两种语言句子的差异，这对翻译的进行具有重要指导作用；其次要恰当运用翻译技巧，这是确保翻译有效进行的基础。下面将以英汉翻译为例，重点介绍句子翻译的常见技巧。

（1）顺译

顺译即按照顺序进行翻译。顺译法并不意味着每个词都按照原文的顺序翻译，允许局部小范围的词序变动。顺译法通常适用于英语表达顺序与汉语表达顺序基本一致的情况下。例如：

As soon as I got to the trees I stopped and dismounted to enjoy the delightful sensation the shade produced：there out of its power I could best appreciate the sun shining in splendor on the wide green hilly earth and in the green translucent foliage above my head.

我一走进树丛，便跳下车来，享受着这片浓荫产生的喜人的感觉：通过它的力量，我能够尽情赏玩光芒万丈的骄阳，它照耀着开阔葱茏、此起彼伏的山地，还有我头顶上晶莹发亮的绿叶。

显然，在翻译时，译文按照原句的顺序来翻译，当然并不是字字顺序翻译，而是有些许的变动。同时，译文也体现了汉语的独立分句的表达习惯，也易于汉语读者理解。

（2）逆译

逆译即逆着原文顺序进行翻译，因此通常从原文后面部分开始翻译。逆译法通常适用于英汉表达顺序存在较大差异甚至完全相反的情况下。例如：

A great number of graduate students were driven into the intellectual slum when in the United States the intellectual poor became the classic poor, the poor under the rather romantic guise of the beat generation, a real phenomenon in the late fifties.

20世纪50年代后期，美国出现了一个任何人都不可能视而不见的现象，穷知识分子以"垮掉的一代"这种颇为浪漫的姿态出现而成为美国典型的穷人，正是这个时候大批大学生被赶进了知识分子的贫民窟。

如前所述，这种翻译技巧的产生主要是从英汉的语序差异考虑的，即英语句子为前重心，而汉语句子为后重心。因此，在翻译时将"A great number of graduate students were driven into the intellectual slum"这一主句置于最后翻译出来，体现了汉语的表达习惯。

3. 修辞翻译

语言是表达思想的一个重要工具，而修辞是语言的艺术。在语言应用中，修辞起着非常重要的作用，其不仅可以使句子更加匀称、铿锵有力，还使得语言表达更加鲜明、生动。由于英汉两种语言都有着悠久的历史，它们各自的修辞方式也是非常丰富的，但由于思维方式、风俗习惯等差异的存在，导致两种语言在修辞方式运用上有相同也有相异的地方。本节仍以英汉翻译为例来具体分析这些相同或相异的修辞翻译的技巧。

（1）直译法

在英汉两种语言中，明喻（simile）、隐喻（metaphor）、拟人（personification）、夸张（hyperbole）等是常见的修辞手法，对于这些修辞的翻译，可以采用直译的方法，这样才能做到神形俱似。例如：

In his dream he saw the tiny figure fall as a fly.

在他的梦中，他看见那小小的人影像苍蝇一般地落了下来。（明喻修辞）

The red flower smiles to the sun.

鲜红的花冲着太阳微笑。（拟人修辞）

显然，从上面的例子可以看出，英汉语在这些修辞的运用上存在着相似性。

（2）意译法

由于英汉语在思维方式、行为习惯等层面存在着差异性，在修辞的运用上也会存在一些不同的地方，对于这些修辞手法的难译之处，可以采用意译法进行表达。具体来说，可以采用如下几点技巧。

其一，转换修辞手法。所谓转换修辞手法，就是译者在进行翻译的时候，需要将一些修辞手法转换成另外一种修辞手法，这样便于读者理解和把握，同时有助于增强语言表达的感染力。这一类的修辞手法主要有矛盾修辞（oxy-moron）、头韵（alliteration）等。另外，还有一些修辞手法在汉语中是不存在的，这时候就不能机械地采用直译的手法，而是采用其他合适的修辞手法展开翻译。

矛盾修辞是将意义相反或者看似矛盾的词语进行搭配，从而构成修饰关系，以对事物的复杂性与矛盾性加以强调。虽然读者乍一看可能觉得不合逻辑，但是仔细分析又觉得很有道理。例如：

bad good news 既坏又好的消息

bitter - sweet memories 苦甜参半的回忆

这种修辞手法在汉语中不常出现，因此在翻译时要采用灵活的方式进行处理，从而保证行文的流畅性。

头韵是指一组词、一句话中的开头音重复出现，是英语中常见的修辞形式，用来对语言的节奏感加以增强，对语言的旋律进行美化。现代英语中头韵常常出现在谚语、散文之中。在翻译的过程中，需要根据不同的情况加以选择。例如：

Money makes the mare go.

有钱能使鬼推磨。

其二，更换比喻形象。不同的民族其比喻形象有着不同的内涵，并且少数事物有着自身特有的典故，因此在对英语修辞手法进行翻译时，译者可以更换比喻形象，避免发生偏离。例如：

as timid as rabbit 胆小如鼠

在中国，兔子是敏捷的动物，但是英美人认为兔子比较胆小，因此在翻译时需要了解这一形象，明确英汉文化对兔子的不同认识，从汉语的习惯出发，翻译成"胆小如鼠"更为妥当。

其三，增加用词。在翻译的过程中，译者往往需要从原文的意义与语法考虑，增添一些词或者短语，从而保证与原文的思想相符合。例如：

Success is often an idea away.

这句话如果直译的话可以翻译为"成功往往只是一个念头的距离"，这样的表达与汉语的习惯不符，因此译者可以增加"与否"，翻译为"成功与否往往只是一念之差"，这样的行文才更为流畅，才能让读者理解。

第七章

基于需求分析的语言学习辅助技巧

学习者掌握语言知识不仅需要教师的合理引导，而且也需要自身的加倍努力。在努力的过程中，学习者可以利用一定的语言学习辅助技巧，如此可以更加快捷地掌握知识，并且为自身的自主学习打下扎实的基础。为此，本章主要研究基于需求分析的语言学习辅助技巧。

第一节　听课与记笔记技巧

一、听课技巧

（一）听视并用法

大多数学生听课都是一边听一边看，因为听觉和视觉并用比只听不看的听课效果要好。听是接受声音信息，看是接受图像信息。又听又看，可在记忆通过声音传递来的抽象概念的同时，结合直观的图像，强化具体的知识印象。因此，听和看的内容应保持同一性，不能听此视彼，分散听课的注意力。听，一般指听录音、听范读、听提问、听讲解；看，主要是指看板书、看挂图、看荧屏或银幕上的多媒体画面，看教师的教态（如教师的举手投足、神情姿态）。因为教师要借助这些板书、画面、手势，化抽象为具体，变繁复为简明，变陌生为熟悉。这种听课方法，以听为主，以看促听，效果很好。

（二）听思并用法

子曰："学而不思则罔，思而不学则殆。"边听边思考也是一种有效的听课方法。听一般是被动地吸收，思则是主动地思考。边听边思，可以在由被动转化为主动的过程中，逐步加深对知识的认识和理解。只听不思考，录音机式的听课，囫囵吞枣，谈不上真正掌握知识，更谈不上培养创造性思维能力。一般可从这些方面思考：教材的重、难点在什么地方，教师为什么这样处理教材，教师讲的自己是否真正懂了，教师讲的与自己想的有什么不同，这篇课文与其他课文有何异同？听思并用，以思促听，能知其然也能知其所以然。

· 117 ·

（三）五到听课法

"五到"就是指耳、眼、口、手、脑都要动起来，多种感觉器官并用，多种身体部位全部参与听课活动。同时调动这些感官所获得的感受是一种综合的、立体的感受。耳到指听教师讲，听同学发言、提问，不漏听、不错听。眼到指看课本、看教师的表情、看板书、看优秀同学的反应。口到指口说，包括复述、朗读、回答问题。手到指做笔记、圈重点、批感想、做练习。脑到指动脑筋，心力集中、积极思维。五到听课法要求听课者全神贯注，灵活地根据课堂情境和教师要求，适时调整听课方法。这种听课方法，是效率最高的听课方法之一。

（四）符号助记法

无论记忆力多么强的人，都不可能把教师所讲的话全部记住，因此听课必须记笔记。而无论书写速度多么快的人，也不可能把教师所讲的话全部记录下来，这就必须借助符号帮助记录，以利长期记忆。如重点语句可打着重号、波浪线或加三角号，疑难问题可打问号，只要自己懂得、自己习惯用的各种有利于记忆的符号都可运用。

（五）要点记取法

有些学习优秀的学生在听课时，是遇到认为有必要听的内容才认真听；遇到认为对自己益处不大或早已学会了的内容就不用心听，而是自己做练习。这是因为教师讲课时传递给学生的信息是多方面、多层次的，且有时候是与教材无关的，作为学生不可能也没必要全盘接收。学会只记重点、难点，去掉无用信息是应该的、必要的。抓要点比毫无重点地全部听和记，效果要好得多。有人曾做过实验，分三组学生同时收听同一内容的录音带，规定 A 组全部记录，B 组只听不记，C 组只记讲授要点，结果 A、B 两组的学生均只记住全部内容的 37％左右，C 组学生却记住了 58％。由此可见，抓住要点，适当做笔记，听课效果最好。

（六）主动参与法

实践证明，课堂上积极举手发言的学生，学习进步比较快、成绩比较好。而一部分学生只是被动地接受知识，教师讲学生听，学得很被动。课堂听课，一定要积极参与，主动地学，随教师的教学思路走，这样也可以保证注意力高度集中，听课效果更好。

（七）听懂新知识法

听懂，就是把知识的概念或结论弄明白，即把新、旧知识的内在联系弄明白。依据"听懂"的标准，研究运用"听懂"的规律，主要是研究学习概念的规律。掌握旧概念是学习新概念的基础；搞清概念的由来，是概念学习之本。概念的表述（定义、定理、定律等）是概念之末，概念的形成是概念之本。舍本逐末，是死知识，亦非真知，于发展智力、形成能力无益；掌握概念表述的科学性，是概念学习的关键。即关键在于正确理解概念各部分的准确含义及内在联系，从抽象到具体，由具体到抽象，最后实现由感性认识上升到理性认识的飞跃；充分发挥心理因素的积极作用，是概念学习的保证。这种方法是听好课最重要的方法。

（八）目标听课法

上新课前预习时，发现不懂的问题记录下来，上课时带着这些问题听课，目标明确，针对性强。预习时弄懂了的知识，课上听一遍等于复习了一遍，加深了印象。预习时不懂的知识就应特别认真地听、仔细地听。如果教师讲了还是没有弄懂，可以在课堂上及时提问让教师再讲。带着目标听课，往往比漫无目的的听课效果好，能帮助学生解决疑难问题。

（九）质疑听课法

"质疑"即提出疑问。古人说："学贵有疑，小疑则小进，大疑则大进。"人们知识的获得、能力的发展，往往都是在不断的质疑中实现的。听课时，对经过自己思考但未听懂的问题可以及时举手请教；对教师的讲解、同学的回答有不同看法，也可以提出疑问。会提出问题的学生往往也是会学习的学生。

（十）存疑听课法

听课时，遇到一些疑难问题，不一定要马上打断教师讲课，可以先暂时记下来，待下课后再思考或请教同学、教师。这样做，既不会影响教师的教学计划，也不会因个人纠缠某个问题而耽误大家的时间，还可以促使自己深入钻研问题，养成独立思考的好习惯。

总而言之，内在的欲望决定了努力程度和做事态度。想听才去努力学会听，会听才会说，会说才会交流。故，听课的方法很多，因人而异，只要是有利于提高听课效率的方法，就是好方法。

二、记笔记技巧

（一）少写多画

无论是英语单词的字母还是汉字的笔画，写起来耗费的时间较多，所以尽量少用完整的单词或汉字做笔记。而线条以及符号等非常简洁，写起来很省时，并且也很形象，一看到某种符号就能反映出它所代表的含义。所以，用符号做笔记是一种较为巧妙的方式，它书写起来很快，具有灵活性和形象性，且已经有大量的约定俗称的符号。例如，当听到具有以下含义的单词或词语时，可借鉴下列符号进行记录：

→ 出口、出国、输出、到达、派遣、前往、运往、导致。

↑ 增长、提高、扩大、发展、加强、升起、上涨、起飞、升空、晋升。

? 问题、疑问、问。

＋ 加上、另外、除此之外。

：说、讲、告诉、认为、宣称、声明、抗议、譬如、像。

～ 交流、交换、替代、相互。

＝ 等于、相当于、是……的对手。

⊙ 会议、开会、讨论、谈判。

（二）少字多意

无论是在汉语还是在英语中，都可以用缩略形式代替整个词语的意思。在汉语中，很多意思是由词语而不是单个的字来表达的，在笔记中，可以尽量用一个字代表它的意思，如用"中"代表"中国"。而在英语中，可以用几个字母代表整个单词的意思，如用 poli 代表 politics，用 gov 代表 government。在学界有一些缩略语已经被广为接受。例如：

国标——国民经济发展指标

物精——物质文明与精神文明

y—year

BCS—because

SERV—service

LS—less

第二节　使用词典技巧

词典是很普通的东西，几乎人人都拥有，人人都会用，常常激起人们求知的欲望，是"无声的老师"。词典是收集语言里的词语，按一定的次序编排在一起，并加以解释、供人查阅参考的工具书。词典学是研究最优化手段，提高标准化信息，以适应不同层次读者需要的编辑方法，涉及多方面的理论。本节仅从实用的角度出发，以最常见的英语词典为例，介绍一些有关英语词典的基本知识，使学习者能够正确有效地使用常用英语词典，解决学习和工作中的实际问题。

一、英语词典的类型

词典都是为特定的读者群体而编写的，因此各种类型的词典便应运而生。将词典进行分类，能够帮助词典使用者根据实际需要，及时有效地选择和查阅相关词典，从而提高词典使用效率。

词典学家曾从不同的角度提出过不同的词典分类标准和方法。汪榕培和卢晓娟认为词典的类型包括综合词典、学术性词典、专门词典、学生词典、双语词典等。文军将词典分成基本种类词典和专科词典。基本种类词典又细分成：通用词典与专科词典、单语词典与双语词典、百科词典与语文词典、外国学习者词典与本族语词典、成人用词典与儿童词典。专科词典则分成语文专科词典和学科专科词典。姚喜明和张霖欣将词典分成百科词典和语文词典，通用语文词典和专门语文词典，单语词典和双语多语词典，共时词典和历时词典，足本词典，中型词典和小型词典，学术词典和学习词典，概念词典和逆序词典，纸质词典和电子词典。

实际上，对于词典类型的研究与探讨，可以说是没有止境的，随着社会的发展和科技的进步，词典的类型肯定会越来越丰富。下面作者结合实际情况，以使用为目的，着重介绍一些常见的基本词典类型。希望让读者对种类繁多的英语词典有一个感性认识；也希望帮助词典使用者在选择词典时，能根据实际需要做出恰当的选择，以提高使用英语词典的效率。

（一）通用词典与专科词典

通用词典主要收集通用词汇，面向整个大众读者群收录各行各业有代表性的常用词汇，而专科词典恰恰相反，收录某一领域或某几个领域的词汇。尽管通用词典也常常收录某些专门词汇或收录专门的义项，但专科词典对某一概念的定义常比普通词典更详尽，而且种类繁多，如学科词典、行业词典、术语词典、发音词典、成语词典、同义词词典等。

（二）外国学习者词典与本族语词典

所谓外国学习者词典是一种专门针对非本族语学习者而专门设计的学习词典，本族语词典是与外国学习者词典相对应的概念，主要指单语词典。

（三）足本词典、中型词典和小型词典

就词典所收录词条的数量而言，可以将语文词典分为足本词典、中型词典和小型词典。足本词典即未删节词典，收词大约在 25 万到 60 万之间，使用对象一般是专业作家、学者、技术人员和相关专业的教师及学生。中型词典收录大约 10 万到 25 万词条，如节本词典、案头词典、大学词典等一般都是中型词

典。小型词典通常收词在 10 万以下，通过删节那些不常用又不重要的词并对词条内容进行压缩，如减少释义项、删减例证等，从而实现词典小型化，是面向初级英语使用者而推出的实用型词典。目前多数人认为，英语中的普通词有 10 000 个左右，其中包括 2 000 个核心词和 7 000 个最常用词，这些词使用频率高，具有全民性、多义性、稳定性和中性文体的特点，是词条处理的重点。

（四）学术词典和学习词典

学术词典的主要使用对象是受过良好教育的研究人员或学者，规模大而全，词源信息较详细，文体比较高雅。学习词典的使用对象一种是本族语学习者，另一种是非本族语学习者。前者侧重于词义的理解，后者着重于语法信息和词语用法。学习词典的特征是：词条数量有限，语言风格平实，语法信息详细，有丰富的例示和图示等。

二、词典的内容

词典的结构是指用来处理词典内部关系的各种方法，主要包含宏观结构、微观结构和参见结构。下面对微观结构中的常用项目做一个简单介绍。

（一）词目

下列项目看作是词目（通常用黑体或半黑体印刷）：词头（主词目）、变体形式（如 diopter 或 dioptre）、曲折形式、词目带有释义的其他词类形式、作为内词目的派生词、复合词、插入词条中的习语。有些词典将复合词、习语和派生词独立列为词目，不过习语大都被列入第一个实词的词目中。

词组是比词大的能自由运用的语言单位，它由两个或两个以上的词按一定的语义搭配和结构关系组合而成。词组又可分为临时组合和固定组合。临时组合只是临时把一些词搭配在一起，如 catch the last bus，catch a cold 等，这些词组不能作为词目进入词典。而固定组合是指组合结构难以更动，意义上是一个不可分割的概念或内容，相当于一个词，可以进入词典的词目系统，如 catch one's breath，catch up with 等。有的词典把固定结构作为独立词目分立，有的词典则只把它作为副词目置于词条结构内。

（二）拼写

人们使用英语都以词典的拼写为准，通用词典通常会列出所有可以接受的单词拼写形式，包括替换形式或可接受但不常见的异体形式，通常的做法是把最常见拼法作为词目词，若需收录其他变体时，只要不影响字母顺序的排列，可将之作为词目词之一与主词目词并列。

音节划分可以剖析单词结构，能帮助发音和记住拼写形式，还能帮助移行，当遇到长且难读的单词时，音节划分就更加重要。但当今划分音节不再像过去那么被重视，有些词典甚至已经不再划分音节。

（三）发音

各种词典使用的标音方法不同，如韦氏音标、国际音标、牛津音标、严（宽）式国际音标。有的词典不同版本使用不同的标音方法，所以要注意词典发音说明部分，才能得到正确的单词读音。由外国人编写的英语单语词典和双语词典多倾向于使用国际音标，尤其是对于我国的词典使用者而言，国际音标是不可取代的。有的单词有多种读音，词典里也都能找到，第一个发音一般是最常用和最普遍的发音。读音信息常放在词目词之后，用方括号"[]"、斜线"//"、圆括号"（）"与其他信息加以区别。有些词的重音可以在词目词上标注，该词的另外部分在其他地方标注，其中的连字符表示省略掉的读音。当一个词有不止一种读法时，一般而言选择录入的主要是标准英国南部英语或通用美式英语的读音，地域方言的读音只有在非常普及的情况下才会收入词典。

（四）语法

词典中的语法信息是指词典所提供的有关词的意义、结构和排列等方面的信息。语法信息可以细分为词法信息和句法信息，前者又分成屈折信息、词的构成信息（派生词和合成法）和词性。规则的屈折形式通常在词典的前页部分会有说明，只有当屈折变化形式不符合语法规则时词典里才会详细加以描述。

（五）释义

释义就是让读者明白词目意义项的意思，是词典最重要的部分，也是最难把握的部分。释义要遵循一些基本原则：应包含该词典解释过的"被释词"、不应比"被释词"更难懂、释义词的词性与被释词的词性相一致、准确简洁、规范标准。英语大多数词是多义词，这样，一个词条的释义就会包含多条义项，多数的词典将最重要和最基本的词义放在最前面。释义的方法有多种，具体如下所述。

1. 正式定义

词典最常用的释义方法是描述性的正式定义，往往是先指出一个词所属的大类别，然后指出这个词区别于同类东西的特征。例如，magnet（磁铁）被解释成"piece of iron, often in a horseshoe shape, which can attract iron, either naturally or because of an electric current passed through it, and which points roughly north and south when freely suspended"。该词所属的类别是

iron，区别于同类东西的特征是 in a horseshoe shape 及两个 which 从句。但这种释义不够简洁，而且不能释义所有的单词。

2. 语法功能释义

为介词、连词、情态动词、冠词等虚词（功能词）释义时，可列出该词所具有的种种功能：指称功能、情态功能、使用功能和标志功能等。

3. 词根重叠释义

即释义中使用被释词的词根或必要成分。但此法若运用不好，会造成毫无意义的重复，稍有不慎，可造成循环释义，导致释义的失败。

4. 直观释义

利用插图或表格直观地解释词义的方法，用于释义那些读者不熟悉、难以用简洁的语言加以描述的词语，所起的作用是任何精细的文字都难以达到的，缺点是太占空间，不宜过多使用。

5. 括注法

用括注法对释义进行补充说明，以求释义的精确或对用法进行补充说明。如 prohibit（禁止）被解释为 "to forbid（an action，activity，etc.）by authority or law"。括号中的解释对词义范围进行了一定的限制，对于动词的搭配对象给出了提示，为把握词义和词语的用法提供了帮助。

6. 举例释义

列举出属于这个词的概念范围的事物来释义。如 sewage（污物）的解释是 "waste matter from human bodies，factories，towns，etc.，that flows away in sewers"。

7. 同义词释义

用同义词或近义词释义也是常用的方法，通常需要两个或两个以上同义词，如 "significant：important，considerable"；"huge：large，enormous"，使用解释的词应该比词目词更容易理解。该方法的优点是简洁明了，还可以增加一些相关词语的知识，对语义的准确性要求不太高的时候可以使用；缺点是只注重词的相同的一面，忽略了不同的多义的一面，读者难以判断词目的准确意思，也就很难正确使用，甚至还可能误导使用者。

8. 上下文释义

词典还经常用短语或例句来释义，有的词典还直接引用一些实例来说明词的意义。例如，punish（惩罚）的解释是 "if you punish someone，you make them suffer in some way because they have done something wrong，for example committed a crime"。该方法提供了具体的语境，提高了读者的语言直觉，

但同时增加了词典的篇幅，对说明词义可能并没有起到很大的积极作用。

9. 说明如何操作来释义

有时候词典不通过直接描写来释义，而是通过说明如何做某件事来释义，如 pull 的释义是 "use force on something, in order to move it towards oneself"。该方法不仅说清了被释词的意义，还增加了一些具体的文化信息，缺点是详尽有余而简洁不足。

（六）用法说明

由于地域性、教育程度、社会环境和职业等方面的差异，词的用法经常有各种限制，词典对这些限制往往有所提及，以英语为外语的读者常常更加依赖对词语用法信息的说明。用法指的是词语在书面语或口头语言中的使用方法，为读者提供语言中好的、正确的和标准的使用方法。常用的用法说明是用法标注和用法注释。

1. 用法标注

用法标注的类型可以是语类标注、区域标注或学科标注等，标注通常使用单词的缩写形式，常在词典的前页部分加以说明。

（1）语类标注

语类标注还可以再分为时间标注、文体（社会方言）标注及个人方言标注。

① 时间标注包括：obsolete（已废弃不用的），archaic（古词或旧词），dated（过时的），old-fashioned（陈旧的），rare（罕用词）等。

② 文体标注如：formal（正式），slightly formal（较正式），informal（非正式），colloquial（口语体），slang（俚语），accepted（可以接受的），standard（标准语），substandard（次标准语），nonstandard（非标准语），U（上层阶级语言），non-U（非上层阶级语言），illiterate（粗鄙词），vulgar（猥亵词）。

③ 个人方言标注如：offensive（无礼），taboo（禁忌语），contemptuous（傲慢），derogatory（贬义词），ironical（讽刺），humorous（幽默语），jocular（幽默），pejorative（轻蔑语），laudatory（赞美语），appreciative（褒义词），euphemism（委婉词）等。

（2）区域标注

在某个地区使用的词语通常在词典里也有说明，如：Am E（American English 美国英语），Austr E（Australian English 澳大利亚英语），Br E（British English 英国英语），Can E（Canadian English 加拿大英语），Car E

(Caribbean English 加勒比海英语)，Ind&.Pak E (Indian and Pakistani English 印度和巴基斯坦英语)，Ir E (Irish English 爱尔兰英语)，NZ E (New Zealand English 新西兰英语)，S Afr E (South African English 南非英语)，Scot E (Scottish English 苏格兰英语) 等。在有些词典中这种标注用 "dialect" 代替，或者在标注中更详细地注明流行的区域，如 "West" "South" "Northern" "New England" "Scottish" 等。

（3）学科标注

学科标注主要适用于那些涵盖面较宽或属于新兴学科的专科词典，如：law（法律），literary（文学），medical（医学），specialized（专门用语），trademark（商标），psychology（心理学），chemistry（化学），linguistics（语言学）。例如，letter of credit 可标出 banking or commerce，net realizable 可标出 accounting。

2. 用法注释

用法注释是标注的具体延伸，用修饰语或评论给出某一单词的用法信息。用法注释有以下功能：对单词的典型用法进行评价，说明常用在什么样的语境中；给出单词的语类信息以补充这一单词的释义；提供语法或语用信息；给出单词细微的意义差别信息；描写性的用法注释也可以用来传达单词在情感上或态度上的言外之意。

（七）例证

例证是说明一个单词意义或者用法的词组或句子。例句不仅可以说明词的意义，对词义加以支持和补充，还能说明它的使用特点，向读者展示词在不同语境中的词法、句法、搭配、内涵、文体和社会文化特征，表现了词语在具体语言环境中的丰富多彩和生动活泼，帮助读者贴切地运用语言，加强了词典的可读性，是词典不可缺少的部分。例证中的单词如果和词目词书写一样，通常用波浪线（～）表示，以节省篇幅。例证的类型有三种：一是真实的书面语或口头语的引用（通常是句子）；二是如果找不到可以引用的词语或编者认为这样做更能满足读者的需要时，编纂者会举出自己所写的句子，称为编者自撰例（通常是句子）；三是词语搭配（通常是词组或分句）。

（八）插图

所谓插图，是指用图画、图解或照片等来更清楚地说明某一概念的定义，可以是素描、照片、地图、图表、表格、结构化学公式或几何图形等。一类是状物图，如花草、虫鱼、鸟兽和运动项目名称；另一类是表意图，如表示 "爱" "恨" 等词义。其主要特点是直观性、易接受性和简明性，有时候用语言表达一个概念会很费力，但若使用一幅插图人们则能很快理解，特别是针对本国文化中没有，但在目的语文化中独有的词语，插图注释特别有效果。

插图有以下作用：解释某些用文字难以讲清楚的词、辨别意义相近容易混淆的词、说明语法概念、指明相关事物或概念、显示动作或过程等。插图也可以说明单一事物、同一类的几种事物、在背景中表示某一事物、运动中的事物、学科中的基本事物或概念等。此外，插图还可以向读者提供文字说明所不具有的直观信息，并能对词典产生一定的艺术装饰作用。但要注意：插图的作用是定义性的或举例性的，用以弥补释义的不足或使释义的理解直观化，完全用插图取代释义是不可能的；反之，也不能因为一部词典缺少插图，就否认它所发挥的作用，因为插图并不是影响一部词典的质量的主要因素。

三、词典的使用

词典是每个语言学习者时刻不离、百问不厌的良师益友；学会使用词典更是学习任何语言都必不可少的技能。学习者需要普通的词典，也需要各种知识性词典和参考资料，为了更好地提高学习效率，有必要探讨如何用好词典这个问题。词典使用者要想最大限度地发挥词典的作用，要想能正确、高效地利用词典，就必须具备一定的词典学素质。

（一）熟悉各种词典

也许大家都有自己的词典，但还是有必要知道图书馆、阅览室里有什么词典可供利用，因为学习过程中可能需要常去图书馆查阅各种词典，多了解一部词典就像多一位朋友。由于语言在不断发展变化，作为词汇记录的词典内容也会产生变化。另外，像英美两国的英语之间存在着差异，英美词典的内容也就有所不同，所以了解词典的出版时间和地点就有其必要性，特别是要注意词典最后一次修订的时间。如果你阅读的文章是美国人写的，最好使用美国出版的词典；如果阅读的文章是英国人写的，则最好使用英国出版的词典。因为一些分别在英美两国通用的口语和俚语往往只有在本国出版的词典中才能找到。

（二）选择合适的词典

有一定基础的学习者应尽量使用英英词典。因为用英语解释英语的词典可以对所查的词有比较完整的说明，读者在查的过程中还接触了英语，增加了语言输入的机会。有的词可能在看完英语解释之后，对其意义仍然不知所云，再去查英汉词典也是有帮助的。

术语需要查阅专业词典，人名、地名、历史事件要从知识性的词典中才能找到，有些最新的时事也可以通过网络搜索查询得到解决。要找中文的对应英语可以利用汉英词典；对同义词进行辨析或从中找到一个确切的词，可以借助于同义词词典；如果想表达某东西，连汉语名称都想不出，则可以使用图解词典。

（三）用好词典

要仔细认真，避免看到一个义项（往往是英汉词典的第一个义项）就以为掌握了英语单词的词义，这样往往会导致在理解时产生偏差，不利于词汇的掌握。要明白大多数词是一词多义的，要注意词的原始和引申意义、普遍和特殊意义、抽象和具体意义、字面和比喻意义。

要养成勤查的习惯。词汇量的扩大源于积累，而词典是最好的工具。遇到一个新词或一个新意，就利用词典找到其释义，逐渐积累，自身的词汇量自然会丰富起来，现在多查是为了以后少查。但这并不意味着一遇到生词就进行查阅，因为那样会导致学习者过于依赖词典，可取的方法是先猜生词意思再查字典进行核对。

在词典选择初期，可以考虑有中文注释的词典，但伴随着英语学习的深入，学习到一定的阶段，就应该开始用单语词典，避免拘泥于中文释义的束缚，成功实现向纯英语学习环境的过渡。走出这一步很不容易但很关键，会把学习者带入一个崭新的天地。有些词义用汉语啰唆半天仍然说不清楚，英语解释不仅准确，而且便于了解词汇的用法，所以查阅单词时不能仅仅停留在单词的中文释义，应尽可能地注意英文释义，深入了解单词的准确含义。对词典基础知识有一定了解之后，学习者想要得心应手地发挥词典的作用，还需掌握一些基本处理步骤。如关注音标掌握单词的正确发音；有些词因词性不同存在不同的发音；对于多义词，要坚持看完所有词条然后根据语境选择合适的词条，以免造成误解；在理解词目内涵的基础上还需关注其搭配及用法信息；加强对例句的学习。

当然，也不可盲目相信词典。词典不是万能的，一是由于主客观原因，任何词典都不可能完全正确无误；二是词典很难客观全面地反映词汇的全貌，多义词的词性不可能在词典中一一列项，在特定的语言环境中很可能含有新的词义。同样重要的是，学习者要打好语言基础学会根据上下文来确定词汇的确切意义，再充分发挥词典的作用，给自己的工作和学习带来实际的帮助。

四、英语电子词典

英语学习中词典是必备的工具，如传统的剑桥词典、韦氏词典、牛津词典、柯林斯大词典，这些词典内容丰富权威，在我国传统英语教学和学习中发挥了重要作用。随着计算机技术的进步，这些传统词典都陆续推出了自己的电子词典。

1. 掌上电子词典

这种词典因体积小、携带方便、检索迅速而受到使用者的欢迎。最初，它只有简单的词义检索功能，没有收录例句等，随着技术的发展，目前的掌上电子词典容量已经很大，有些功能更是传统词典所没有的，如发音、句子朗读等。一部掌上电子词典就可以包括多部，甚至十几部词典的功能，有些甚至集"听、说、读、写、译"于一体，包含了英语学习和应用的几乎全部功能，还有些配备了其他辅助功能，如记事、计算、娱乐等。

目前我国市场中掌上电子词典种类繁多，如小霸王、步步高、联想、雷登、E百分等，每个品牌又分了几种甚至几十种型号。这些词典的缺点是"越来越多的电子词典把整本纸质词典包括进去，使掌上电子词典成为电子化的纸质词典"，但作为词典的功能并没有多少改观。特别是有的掌上电子词典充入了很多百科知识、故事笑话、备忘记事、音乐和游戏等，以迎合青少年的需求特点，辅助功能往往太丰富，甚至有本末倒置之感，有时会产生一定的负面作用，不仅没能帮助学习者学习，反而分散了他们的注意力，从而违背了当初购买掌上电子词典的初衷。而且掌上电子词典功能越多价格就会成倍地往上翻，这也是不得不考虑的一方面。

2. 桌面电子词典

是指通过某种介质形式把信息存储到个人电脑的硬盘中，通过键盘输入进行检索和使用屏幕显示词条的电子词典，也叫光盘词典。我国曾经先后出现了数十种桌面英语电子词典，如即时通、网际通览、汉神英汉词典、地球村、英汉通、网上通、金山词霸、译典通等。其中有些词汇量大、兼容性强，能用于多种操作系统，可以实现鼠标即指即译、即时全屏汉化、全文翻译、真人发音语音库等功能。而且几乎所有的桌面电子词典都具有边输边搜的功能，例如，在搜索窗中输入"aban"几个字母，"abandon"等词就已经自动跳出，并显示出相应的释义内容了。目前我国常见的英美桌面电子词典有：《韦氏大学英语词典》《牛津简明英语词典》和五大英语学习词典的电子版。

3. 在线词典

是指以计算机网络技术为依托，把机读词典文本进行远程储存，以便词典使用者利用网络进行查阅的电子词典。随着网络的普及，越来越多的传统词典都提供网络查询功能,通过网络更新词库。自诞生以来,在线词典发展迅速,内容和种类丰富,从单一的检索层次向多层次检索发展,有时即使输入的单词有错误,词典也会通过模糊检索,把相似的词语找出来。大部分在线词典都是免费的,任何人在词典界面都可以查询相关内容,有些甚至可以通过注册成为词典编者,把词典中没有的词语添加进去。

国内代表性的在线英语词典有:中国译典、金山词霸在线英汉词典、译典通在线英汉双语词典、爱词霸、CNKI翻译助手、百度词典、郑州大学在线科技大词典、金桥翻译、华建翻译和中国日报英语点津等。一些著名的网络搜索引擎也提供词典功能,还设有网络释义的功能,就是提供大量存在于网络上但普通词典中找不到的英文名称和缩写的释义结构。在搜索引擎里面既可以输入汉语,得到相关的英语结果,又可以输入英语,得到相关的汉语结果;既可以检索单字、单词和词组,也可以检索句子片段,甚至整个句子;既可以检索一个关键词,也可以几个关键词同时检索;一般还有"历史"窗口,记下当前及以往历次的查阅记录。

与传统印刷词典比较,电子词典的优点体现在:一是便利性。电子词典携带方便或根本不用携带,检索方便,还可以随意地把所需的例句、用法、音标拷贝到文档文件中,能即时翻译,有些电子词典还提供文本及网页翻译功能,有超级链接,方便随时跳转查询,支持双语查询,提供词义、例句、词组、同义词、反义词。二是多媒体性。多数电子词典采用多媒体技术,具有自动发音功能,且更新及时,具有动态性,更新几乎和社会、语言发展同步。电子词典无论是对于外语学习者还是对于语言研究者来说,都是一个非常有用的好帮手。

第三节 课外学习积累

课外活动是语言教学的重要组成部分,是语言教学中必不可少的辅助形式,开展好课外活动可使学生储存一些学好语言的潜在能量,对语言课堂教学也会起到很大的促进作用。课外活动能够扩展学生语言实践的深度和广度,培养学生学习能力和综合语言运用能力。

一、开展课外活动的意义

课外活动与课堂教学的目的、要求是一致的,与语言课堂教学相辅相成,辩证统一。

（一）课堂与课外相结合，进一步巩固课堂知识

课外活动是课堂教学的拓展和延续，如果没有在课堂上很好地吸收语言知识，所学的语言知识就难以巩固。但由于学生在课堂的有限时间内练习语言的机会并不多，所以在课外活动中，教师要多创造语言环境，开展形式丰富的活动，让学生有更多的语言实践机会，进一步提高他们的听、说、读、写、译能力。

（二）被动与主动相结合，进一步培养学生兴趣

课堂教学虽然是一个重要方面，但只有课堂教学是远远不够的。既要通过课堂活动让学生被动接受知识，又要通过丰富多彩的课外活动增强学生学习语言的兴趣，给学生更多的运用语言进行交际的机会，把枯燥的语言知识灌输转换为喜闻乐见的语言实践活动，使学生对语言学习产生浓厚的兴趣，进一步调动他们学习语言的积极性。

二、参与课外活动的原则

为了使课外活动发挥其应有的作用，应重视活动过程的优化。根据学生的年龄特点和生理、心理发展规律，在活动的实际操作中应努力遵循以下原则。

（一）渗透性原则

课外活动与课堂教学有着密切的联系，两者都是实现教育目标的途径，因此应当互相配合，互相促进。通过课堂教学，学生掌握了一定的系统的知识、技能和思想理论，发展了智力和体力。通过课外活动，可以使学生加深理解和运用课堂上学到的知识，可扩大视野，丰富知识，提高认识，并能大大提高实践能力。

学生在课外活动中获得的感性知识和直接经验，有时也可以作为课堂教学时掌握理论知识的准备。进行课堂教学时，教师要注意运用学生课外活动所获的经验，促进课堂学习的进行，而在学生的课外活动中，则要注意把课堂上学到的知识加以运用和转化为技能技巧。在指导学生选择和确定活动项目时，教师要注意以课堂讲授的知识为基础，使学生得到运用和加深知识的机会，补充课堂教学的不足。

课外活动和课堂教学是各自独立的途径。不能把课外活动用作为学生补课，或者让学生做作业，使课外活动成为变相的课堂教学，变成"课外课"，这是要绝对禁止的。

（二）可行性原则

课外活动是因材施教的好阵地，切不可像课堂教学那样用同一个要求、

同一个标准，去要求不同的学生，那样做就失去了课外活动的优越性。在制定活动目标时，一方面要以新课标和教学内容为依据，注意挖掘语言活动中的教育功能，将活动的着力点放在提高学生的语言素质上，对活动的要素进行深层次的开发。另一方面还要考虑学生已有的知识、经验水准和适应能力。不同年龄的学生，由于积累的知识与经验数量不同，他们的兴趣与需要也不同。

因此，活动的目标要与学生的语言知识和语言素质的发展水平相适应，与活动的重点相适应，任何过高、过难或过低、过易的目标都于活动的开展无益。因为过高、过难的活动目标会因无法实现而挫伤学生的自信心和参与活动的积极性，而过低、过易的目标则会使活动难以发挥作用而失去其自身的意义。

一般来说，低年级学生的课外活动，学习和模仿的因素应占主要地位，随着年龄的增长，就可以逐渐增加创造的因素。到了高年级，文学创作等就可以成为课外活动的内容。同一年龄段的学生，其个性特点、发展水平不同，他们还有各自的兴趣特长。所以，即使同一年级也要承认差别，考虑学生的个别特点，尽可能适应不同发展水平和具有多种不同兴趣爱好的学生的个别需要。这也是课外活动能否有吸引力，能否取得成效的关键之一。

（三）实践性原则

我国幅员广大，各地情况千差万别。发达地区和边远地区、城市和农村、重点学校与一般学校，在经济文化背景、学校物质条件和师资水平等方面相差很大。不过，任何学校都有自己的特点、自己的优势。因此，开展课外活动要因地制宜、因校制宜。

总之，要充分体现"以人为本"，以学生为学习主体的教学理念，用多样化的语言活动使学生在课堂内外自始至终参与教学实践，处于动态的学习与交流之中。只有这样，课外活动才能为语言课堂教学带来生机与活力。

三、课外活动的常见形式

《全日制义务教育英语课程标准》在实施建议中明确指出："根据学生的年龄特点和兴趣爱好，积极开展各种课外活动。"教师可根据实际情况开展形式丰富多样的课外活动，下面以我国英语教学为例，介绍几种常见的课外活动形式。

（一）创设情景，巩固语言技能

1. 英语角

教师可在英语角设立符合学生学习、生活内容的主题，创设一定的场景，促进大家互相交流，共同提高。这种活动形式对提高学生的口语能力有很大帮助，只要能坚持下去，就会收到很好的效果。当然，如果是低年级同学，由于所学的语言词量和学到的短语、句子较少，相互交流有一定的困难，那么可以让他们在英语角中大声背诵或演唱课堂、课外所学到的小诗、英语歌曲或绕口令，在培养语感的同时，更重要的是锻炼了勇气。

2. 外语联欢会

利用周末、节假日前举办外语联欢会，由学生表演节目，如唱英文歌曲、分角色表演对话、演短剧等。不仅能够锻炼学生的实践能力，也能够发挥他们的表演才能。

（二）组织竞赛，激发学习积极性

1. 外语朗读比赛

根据所学课文的内容或课外读物上的内容，要求学生按一定的语音、语调去朗读，参加人数不限，可以自愿报名，然后组织学生评委进行评分。

2. 英文歌曲比赛

教师在平时上课时教学生一些英文歌，到期末可以举行英文歌曲比赛。学生们积极准备，选歌、学歌。比赛时教师可邀请其他一些英语教师、校领导给学生打分。打分标准有歌曲类型、舞蹈编排、音色、音准加上服装、化妆等，所以从始至终，学生在比赛的过程中既锻炼了语言能力，又享受了英文歌曲，并尽情地展示自我。

（三）动手创作，提高学生创新能力

出外语墙报是一种很好的帮助学生巩固所学知识，培养能力的方法。出外语墙报可以小组为单位定期轮换，每次出墙报时，教师可以和学生一起选定墙报内容，如短小有趣的故事、谜语等。这样既培养了学生的阅读能力，又提高了他们的书写水平。

总之，课外实践活动形式多种，内容丰富。教师在具体的教学中要根据教学内容设计出适合学生年龄特点、知识能力水平的课外活动，这对语言教学必将有很大的促进作用。

第四节　借助网络资源

一、网络及网络技术

（一）网络

网络是由节点与连线构成，是不同对象间的相互联系。网络在不同领域有不同的意义，在数学领域，网络一般指代加权图；在物理领域，网络是基于某种相同类型的实际问题而抽象出来的一种模型；在计算机领域，网络被定义为一种虚拟平台，主要用于信息传输与接收。

总体而言，人们运用网络可以连接各个点、面、体，从而实现资源的共享。因此，网络在人类生活中有着十分重要的作用。目前，网络的发展日益迅速，人们的生活几乎离不开网络这一媒体。

（二）网络技术

网络技术是人类体力、脑力的扩展与延伸，促进人类迈入新的生存方式，对人们固有的生活方式、思想观念等进行冲击与改变。

网络技术这一术语最早源于美国军事领域的阿帕网，是一种对人类器官功能进行扩展与延伸的技术。20 世纪 70 年代早期，美国政府发现了网络具有的巨大潜能，因此将网络从军事领域扩大到民用领域，主要用于商业贸易与交流。后来，阿帕网与其他网络进行联合，形成了如今的互联网。

现如今，网络技术一般被定义为将两台或者多台计算机进行连接而实现信息资源共享的技术。当计算机借助铜芯电话线、光纤或卫星中继等电信媒介进行联通之后，网络就形成了。当然，为了更好地发挥其效用，还需要借助专用接线器和路由器等设备。

网络技术将分布在世界各地的计算机进行连接，在网络管理软件、操作系统的辅助和协调下，实现各个计算机的通信，从而实现了资源共享与信息传递。其具有如下几点特征。

1. 虚拟性

如前所述，很多人将网络技术定义为一种虚拟空间，因此网络技术具有虚拟性，有着虚拟的空间环境，也有着虚拟的个人。

第一，网络空间环境的存在是一种虚拟无形的状态，是基于现实的空间环境而建立起来的。通过网络技术，人们可以交换信息、交流思想，接触文字、声音、图片等并对其进行加工，最终给人以身临其境之感。因此，网络技术的虚拟性并非无中生有，而是一种客观的事实存在。

第二，人们可以通过网络技术使用虚拟的身份与他人进行交往与沟通，也可以选择自己喜欢的角色进行角色扮演，还可以从自己的喜好出发选择适合自己的交往对象，尝试一种在现实生活中无法体验到的新的生活。

2. 开放性

随着网络技术的快速发展，人们有了全方位的、四通八达的交往平台。网络技术分散于世界上的各个角落，无论人们处于何地，都可以享受到网络带来的便捷。

通过网络技术的应用，人们对自己传统的交往方式进行改变，逐步进入一种全新的非集中化的人际交往模式。随着网络技术在人们生活的方方面面渗透，人们的交往方式也突破了时空的限制，任何地域、任何国籍的人们都可以摆脱地域、身份、职业等条件的限制和制约。通过网络技术，人们可以自由地表达自己的思想和观点，并充分应用广阔的信息资源。

3. 互动性

当人们与他人进行交往时，网络技术的出现为人们提供了一种新的交往形式。以前，传统的通信工具使得信息资源的接收与发送是单向流动，而网络技术的出现使得信息资源的接收与发送呈现互动流通。

在虚拟的网络空间中，人们很容易找到他人进行聊天，也可以自主创建微博，与他人分享自己生活的点点滴滴。通过网络技术，他人可以了解自身的想法，自己也可以了解他人的想法，并对他人的观点进行评论，随时随地地发表自己的观点。

可见，在网络技术环境下，人们可以更深层次地进行交往，同时具备信息资源的提供者、生产者、消费者与传播者的综合身份。网络技术的互动性也使得人们的交往兴趣更为高涨，刺激人们的参与欲望，扩大交往范畴，提高信息的价值。

（三）网络对语言教与学的意义

1. 更新教学观念

网络技术的创新与应用可使教师对教学过程与教学资源利用有新的思考，进而促进教学观念的更新。

传统的外语教学以教师为中心，教师作为传授知识的主体，在外语教学过程中发挥着十分重要的作用，而且这种作用被放大化，整个教学都围绕教师来进行，学生只是被动地参与学习。教师是教学工具（黑板、教学教具模型）的绝对使用者，学生只是被动观看。

在外语教学观念方面，网络技术的应用为外语教学的发展提供了新思路、新思想、新办法，促进了现代教育观、现代学校观、现代人才观的形成。

在现代外语教学中，网络技术得到了广泛利用，不仅增加了师生之间的交流与沟通，还实现了师生之间的交互的双向教学。教师从单纯地讲授书本知识转变为利用多媒体技术进行教学设计；网络技术在外语教学过程中的应用，使学习者从被动地接受知识转变为利用网络技术进行自主学习。学生能更加主动地获取知识，教师也在外语教学过程中逐渐建立起以学生为中心的观念，"应试教育"更加彻底地向"素质教育"转变。

2. 提高教学质量

网络技术的应用极大地提高了外语教学质量。具体来说，外语教学质量的提高表现在教学过程中真正实现了外语教学目标，促进了学生的德、智、体、美等多方面的发展。网络技术在外语教学过程中的应用对于学生的多方面素质发展均有较高要求。学习过程中学生的各项知识与技能不断得到提高，手、眼、耳、鼻、口各个感官共同应用到外语学习过程中，还促进了学生大脑思维的发展，可实现学生的全面发展。

网络技术对外语教学质量的提高作用的具体分析如下。

首先，网络技术为教学提供技术支持，能为现代外语教学提供一个良好的交互环境，给学生提供更自主学习的机会，使学生更加主动地投入到学习中去，更加积极地去收集、处理、加工、反馈各种学习信息，有助于增强学习效果，促进学生主动发展、个性化发展，提高个体化外语教学品质。

其次，在新时代，网络技术与外语教学的结合无时间、空间的限制，有利于创建外语教学的大格局，能更加高效地调动各种外语教学资源，使得优质的教学资源得到有效整合，扩大优质教学资源的受益面，进而促进外语教学质量的整体提高。

最后，现代化的外语教学强调高素质全面发展人才的培养，强调学生的发展应与社会发展相适应。为了提高教学质量和促进外语教学为社会现代化发展服务，新的外语教学观念将会催生新的外语教学质量评估体系和评价方式，并有助于建立信息全面的大数据跟踪与检测机制，促进每一名学生的真正发展。

3. 转变师生角色

在网络外语教学中，最大的障碍是教师角色的转变。很多研究者认为，网络环境下的外语教学经历了"传递信息"和"吸收内化"过程的转变，教师由知识的传授者转变为学生学习的指导者、服务者；学生由被动的接受者转变为主动的研究者。

4. 提高教学效率

生产技术的改革必然会促进生产效率的提高，在教育领域，技术也具有相同的提高教学效率的作用。

所谓提高教学效率，具体是指一定时间内完成更多的教学任务，或者完成相同教学任务量使用更少的教学时间。网络技术的发展和外语教学的结合可缩短外语教学时间，能更加高效地实现教师和学生在外语教学过程中的知识输出与输入。

有实验证实，在学习过程中，学生利用的感官越多，越有利于学生对知识的记忆、理解，就越能帮助学生获得较佳的学习效果。在网络外语教学过程中，丰富而先进的网络技术可使学生综合利用多种感官进行学习，使学生充分获取知识，进而提高外语教学的效率。

5. 促进教学改革

网络技术的发展是外语教学改革与发展的制高点和突破口，引起了外语教学领域的多方面变革，具体分析如下。

（1）外语教学组织形式的变革

在传统的外语教学中，外语教学组织形式是以学校、班级和课堂为主场所，在教学过程中，也重视学生的个体化发展，提倡个别答疑、分组学习；但是，受多种条件限制，学生的统一化教学仍是主要教学形式，学生的个性化教学难以实现。

随着网络技术在外语教学中的应用，学生的小组学习、个别化学习成为可能。例如，网络化的传输功能可以实现实时交互学习。

（2）外语教学手段与方法的变革

网络技术在外语教学实践中的应用，为教师的多样化灵活教学提供了更多的技术支持，也能丰富学生的感官体验，有助于提高教师和学生的教与学的积极性与主动性。

教育手段多媒化，教学方法多样化，在外语教学实践过程中，教师对多样化的外语教学工具与方法的选择，能为学生的不同外语教学内容的学习提供最佳的教学环境与教学体验。

（3）外语教学模式的变革

在外语教学模式上，传统的外语教学模式限于教室、教师、黑板和教科书。现代教学媒体改变了原有外语教学的结构，形成了多种人机结合的教育新模式。

网络技术在外语教学中的应用突破了有围墙的学校模式，使教师的"教"与学生的"学"均摆脱了学校、课堂、时间、地域的限制，远距离教学模式——"网络大学""开放大学""全球学校"得以实现。

6. 扩大教学规模

网络技术能扩大教育规模，加速外语教学的发展。从当前我国的外语教学现状来看，国家正在实施科教兴国战略，充分利用网络技术，开展各种远程教育，使更多的偏远地区的学生受益，客观方面大大节省了师资、校舍和设备，并有效促进了外语教学规模的扩大。

7. 匹配学习活动与学习环境

按照学习过程是否需要交流协作或独立思考，可以将学习分为独学和群学。独学以独立思考为特征，如知识传授；群学以协作交流为特征，如知识内化。学习环境也有两类：私环境和公环境。私环境如家里，安静，干扰少，适合独立思考，适用于独学；公环境如课室，公共场所，适合交流分享、协作探究，适用于群学。

网络外语教学将"在课堂学习知识，在家完成作业"的方式转变为"在家观看视频学习知识，在课堂讨论学习"，实现了学习方式与学习环境的完美匹配，即适宜群学的学习内容和与适宜群学的环境相互匹配；适宜独学的学习内容与适宜独学的学习环境达到高度的统一。因此，可以说网络外语教学的最大潜力和最大特色是实现学习活动与学习环境的完美结合与匹配。

二、利用网络学习策略学习语言

网络学习策略是指学生在网络学习环境中知道如何学习，知道使用什么方法学习，以及知道如何调控自己的学习。网络学习环境下学生要知道如何利用网络平台探索、发现、学习知识，具备适应这种新型学习方式的特殊方法和策略。

为了让学生能够真正参与到学习中，自己控制自己的学习进程，养成自主学习的好习惯，教师应该注重对学生网络学习策略的培养。教师可以设计专门针对语言学习方法的问卷调查表，通过分析调查结果，了解学生的学习策略的掌握情况；进而根据对学生网络学习策略的掌握情况，使用特定的训练方法，培养学生的策略技能，并在此过程中对学生施以必要的指导帮助；在多次监控学生的策略培养过程中，要及时记录实际情况，获得实时的反馈记录，为改善培养方法提供必要基础。

参考文献

薄新莺，2006. 影响学习策略的因素分析 [J]. 忻州师范学院学报（4）：99-101.

程晓堂，孙晓慧，2011. 英语教材分析与设计 [M]. 修订版. 北京：外语教学与研究出版社.

程月芳，马广惠，董娟，2003. 大学英语学习和教学中的语言学习策略问题 [J]. 外语界（2）：47-54.

崔长青，2010. 英语写作技巧 [M]. 北京：中国书籍出版社.

崔桂英，徐道平，2014. 基于社会岗位需求的英语翻译能力的培养 [J]. 佳木斯教育学院学报（6）：332-336.

高黎，何赟，杨娜，2016. 外语学习策略培训——TCLTSP 模式、效果及反思 [M]. 北京：地质出版社.

郭霞，尚秀叶，2008. 大学英语写作 [M]. 北京：冶金工业出版社.

何广铿，2011. 英语教学法教程：理论与实践 [M]. 广州：暨南大学出版社.

何少庆，2009. 英语教学策略与实践运用 [M]. 杭州：浙江大学出版社.

胡郑辉，2006. 英语学习策略 [M]. 厦门：厦门大学出版社.

黄萍，2007. 专门用途英语的理论与应用 [M]. 重庆：重庆大学出版社.

贾冠杰，2010. 英语教学理论基础 [M]. 上海：上海外语教育出版社.

教育部高等教育司，2007. 大学英语课程教学要求 [M]. 北京：清华大学出版社.

剧锦霞，倪娜，于晓红，2013. 大学英语教学法新论 [M]. 北京：中国书籍出版社.

康晋，2008. 英语写作 [M]. 北京：对外经济贸易大学出版社.

李建军，2004. 新编英汉翻译 [M]. 上海：东华大学出版社.

李丽娟，2010. 英语阅读策略 [M]. 北京：外语教学与研究出版社.

刘波，2009. 专业英语写作的前期准备探索 [J]. 长春教育学院学报，25（3）：97-98.

刘文婷，2011. 大学英语教学中翻译教学的重要性及其策略 [J]. 经济研究导刊（1）：281-282.

卢黎红，2009. 论大学生英语学习观念及学习策略的培养 [J]. 考试周刊（40）：101-102.

鲁子问，2009. 英语教学论 [M]. 第2版. 上海：华东师范大学出版社.

罗毅，蔡慧萍，2011. 英语课堂教学策略与研究方法 [M]. 武汉：华中科技大学出版社.

潘国文，2001. 语言的定义 [J]. 华东师范大学学报（1）：101.

石方，2013. 培养学生英语阅读能力全面打造外语人才 [J]. 成才之路（30）：31.

谭冉，2015. 基于需求分析的大学英语阅读教学探析 ［J］. 湖北经济学院学报，12（3）：215-216.

王笃勤，2012. 英语阅读教学 ［M］. 北京：外语教学与研究出版社.

王庆光，2007. 大学新生英语学习观念的转变及英语学习策略的训练 ［J］. 重庆职业技术学院学报（2）：46-48，55.

王琬默，龚萍，2006. 翻译中的文化因素 ［J］. 辽宁工程技术大学学报（6）：646-648.

王雅芬，2005. 新课程下英语课程资源的开发与利用 ［J］. 山东师范大学外国语学院学报（基础英语教育）（4）：85-88.

徐锦芬，2007. 大学外语自主学习理论与实践 ［M］. 北京：中国社会科学出版社.

徐义云，2012. 大学英语写作教程 ［M］. 北京：清华大学出版社.

严明，2007. 大学英语自主学习能力培养教程 ［M］. 哈尔滨：黑龙江大学出版社.

严明，2008. 大学专门用途英语（ESP）教学理论与实践研究 ［M］. 哈尔滨：黑龙江大学出版社.

严明，2009. 大学英语自主学习能力培养模式研究：体验的视角 ［M］. 哈尔滨：黑龙江大学出版社.

杨娜，何赟，苏冲，2018. 应用语言学视域下的当代英语教学新探 ［M］. 北京：中国水利水电出版社.

杨贤玉，2010. 英汉翻译概论 ［M］. 武汉：中国地质大学出版社.

杨彦如，王文博，韩志伟，2009. 高职教学设计 ［M］. 北京：中国轻工业出版社.

应婷婷，2010. 对翻译的忠实性原则的分析 ［J］. 教育教学论（19）：174-175.

袁昌寰，2004. 中学英语学习策略 ［M］. 北京：北京大学出版社.

曾洁，2011. 外语自主学习策略教程 ［M］. 上海：上海外语教育出版社.

张君棠，2014. 大学英语阅读教学理论与实践 ［M］. 北京：冶金工业出版社.

张庆宗，2010. 外语学与教的心理学原理 ［M］. 北京：外语教学与研究出版社.

钟素花，2011. 大学新生英语学习观念的转变与学习策略的培养 ［J］. 吉林省教育学院学报，27（3）：105-106.

周风燕，2009. 英语学习策略 ［M］. 北京：知识产权出版社.

周荣辉，2009. 英语阅读理解策略与技巧 ［M］. 成都：西南交通大学出版社.

Richards J C，Schmidt R W，2002. Longman Dictionary of Language Teaching and Applied Linguistics ［M］. London，UK：Longman.

Rubin J，1995. An Overview to "A Guide for the Teaching of Second Language Listening" ［A］. Mendelsohn D，Rubin J. A Guide for the Teaching of Second Language Listening ［C］. San Diego，CA：Dominie Press.

图书在版编目（CIP）数据

快速掌握语言学习的技巧：基于需求分析语言学习
策略 / 杨娜，高黎著 . —北京：中国农业出版社，
2020.10
ISBN 978 - 7 - 109 - 27476 - 1

Ⅰ.①快… Ⅱ.①杨… ②高… Ⅲ.①英语—学习方
法—研究 Ⅳ.①H319.3

中国版本图书馆 CIP 数据核字（2020）第 195051 号

中国农业出版社出版

地址：北京市朝阳区麦子店街 18 号楼
邮编：100125
责任编辑：杨晓改　文字编辑：陈思羽　王　珍
版式设计：王　晨　责任校对：吴丽婷
印刷：北京中兴印刷有限公司
版次：2020 年 10 月第 1 版
印次：2020 年 10 月北京第 1 次印刷
发行：新华书店北京发行所
开本：700mm×1000mm　1/16
印张：9.25
字数：210 千字
定价：58.00 元